—

Caroline und Anne Ronnefeldt

GARTENGLÜCK
UND SOMMERZAUBER

Mein wunderbares
Gartenlesebuch

Anaconda

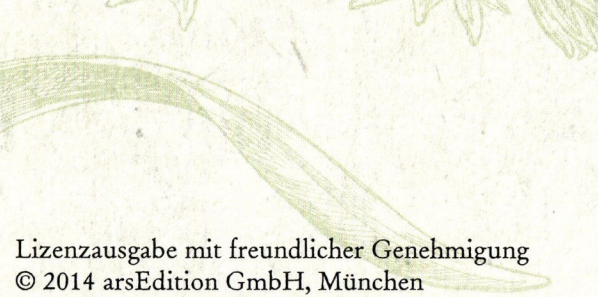

Lizenzausgabe mit freundlicher Genehmigung
© 2014 arsEdition GmbH, München
Alle Rechte vorbehalten

Text: Caroline und Anne Ronnefeldt
Illustrationen: Caroline Ronnefeldt
Fotos: Winfried Haas
Innengestaltung: Eva Schindler, Grafing

Die Deutsche Nationalbibliothek verzeichnet diese Publikation
in der Deutschen Nationalbibliografie; detaillierte bibliografische Daten
sind im Internet unter http://dnb.d-nb.de abrufbar.

© dieser Ausgabe 2018 Anaconda Verlag GmbH, Köln
Alle Rechte vorbehalten.
Printed in Slovakia 2018
ISBN 978-3-7306-0576-9
www.anacondaverlag.de
info@anacondaverlag.de

INHALT

21. April

Wicke
Lathyrus odoratus

GOTT PFLANZTE ZUERST EINEN GARTEN,
UND IN DER TAT SIND GÄRTEN
DIE REINSTE ALLER MENSCHLICHEN FREUDEN,
DIE GRÖSSTE ERFRISCHUNG FÜR UNSEREN GEIST,
OHNE WELCHE ALLE GEBÄUDE UND PALÄSTE
NUR ROHE MACHWERKE SIND.

Francis Bacon (1561–1626)
Englischer Staatsmann, Philosoph und Gartengestalter,
aus seinem Essay »Of Gardens«, London 1625

Wenn ich an den Sommer denke, ist das untrennbar mit dem Land verbunden.

Mit Farben, Geräuschen und Gerüchen, die man so unverfälscht in der Stadt nicht erleben kann. Sommer – das ist für mich vor allem der Gesang der Vögel in den Bäumen und Sträuchern, deren Laub raschelt, wenn der leichte Wind in den Zweigen spielt.

Sommer ist, auf einer Wiese auf dem Rücken zu liegen, um die Wattewolken am blauen Himmel zu betrachten, oder, wenn es sich um eine richtige Wiese mit langen Gräsern handelt, sich auch einmal auf den Bauch zu drehen, um aus der Froschperspektive das geschäftige Leben zwischen den Halmen zu verfolgen.

Denn Sommer ist Käfer und Bienen, Schmetterlinge und Libellen, auch viele Fliegen und tanzende Mückenschwärme in der Dämmerung. Mückenstiche inbegriffen.

Sommer verheißt Sonnenwärme und kühlen Schatten und das »Plopp-Plopp« des Sommerregens auf den Blättern. Wie würzig es im nahen Wald duftet, wenn er noch vor Nässe knistert!

Und immer Blumen, Blumen, Blumen, die in verschwenderischer Pracht den Garten verzaubern. Rosen und Zinnien, Cosmeen und Kapuzinerkresse, Phlox und Rittersporn, Margeriten und Fingerhut. Sommer kann ein selbst gepflückter Strauß in der Vase auf dem Frühstückstisch sein, aus dem sich noch ein Käfer rettet und über das Tischtuch eilig davonkrabbelt.

Sommer ist Pflege und Sorge um das Gemüse. Die Aussaat, das Pflanzen, unzählige Gießkannen zu allen Beeten. Warten auf Regen. Hoffen auf Sonnenschein – alles zur rechten Zeit und im rechten Maß – und schließlich eine üppige Ernte. Von Beeren und Obst, frischem Salat und köstlichen Bohnen aus dem eigenen Garten.

Aus einem ganz bestimmten Garten.

Denn Sommer ist, wenn ich in das Haus meiner Kindheit aufs Land zurückkehren kann und die Tage so herrlich langsam dahinplätschern wie der Bach unter den Eichen hinter dem Haus. Ein altes Bauernhaus, ungefähr hundertjährig. Es liegt recht einsam in einem großen, verwunschenen Garten am Ende des Weges, am Waldrand und zwischen den Feldern.

Dort wohnen meine Eltern und Tante und Onkel. Sie haben ihr Leben in der Stadt aufgegeben und aus der vormaligen Familiensommerfrische ihr Heim gemacht. Wer kann, besucht sie dort.

Und dann heißt Sommer Kaffeetafeln im Garten, mit selbst gebackenem Apfel-, Pflaumen- oder Johannisbeerkuchen und Holunderbowle in der Dämmerung, manchmal mit Glühwürmchen über der Buchenhecke. Fledermaushuschen und Käuzchenrufe. Erste Sterne am samtigen Nachthimmel.

Gläserklirren und Gelächter unter dem Apfelbaum und Gänsehaut, weil es feucht aus den Wiesen aufsteigt, bis man sich eine Jacke aus dem Haus holt. Windlichter in der Dunkelheit, um die Nachtfalter und Motten tanzen.

Am nächsten Morgen ist Sommer, noch im Nachthemd mit einer ersten Tasse Tee barfuß durch den Tau zu wandern. Gut möglich, dass schon jemand im Garten ist.

Denn die frühe Sonne scheint von einem makellos blauen Himmel; die Luft ist klar und voller Rosenduft. Unsere Katzen spielen Fangen auf der Wiese, und in den Bäumen und Sträuchern singen die Vögel um die Wette.

Wenn ich an den Sommer denke, ist das untrennbar mit dem Land verbunden. Wer kann, besucht uns dort.

DIE LETZTEN FRÜHLINGSTAGE

Der Kuckuck

Der unverkennbare Balzruf des Männchens hat der Art den Namen gegeben: »Kuckuck, Kuckuck, ruft's aus dem Wald ...« und kündigt den Frühling an, wenn der taubengroße Vogel meist Mitte April aus seinem Winterquartier im südlichen Afrika zu uns zurückgekehrt ist. Der Kuckuck, ein reiner Insektenfresser, ist fast überall in Europa verbreitet. Er lebt in lichten Wäldern, in Parklandschaften, Heideregionen und Bergmatten, wobei für seinen Lebensraum auch das Vorkommen seiner Wirtsvögel mitbestimmend ist. Denn nicht nur sein Rufen hat ihn so bekannt gemacht: Der Kuckuck ist ein Brutparasit. Nach der Paarung sucht das Weibchen zur Eiablage das Nest einer meist wesentlich kleineren Singvogelart, wie Heckenbraunelle, Grasmücke, Rotkehlchen, Bachstelze und Rohrsänger. Sogar der winzige Zaunkönig bleibt von der Täuschung nicht verschont. Da der Kuckuck nicht auf eine bestimmte Wirtsvogelart spezialisiert ist, nimmt sein Ei das Aussehen des fremden Geleges an. Bis zu zwanzig Eier schiebt die Kuckucksmutter fremden Vogeleltern unter, ein einziges in jedes Gelege. Nachdem der junge Kuckuck geschlüpft ist, wirft er die anderen Eier oder sogar seine Stiefgeschwister aus seiner Wirtsstube und wird danach von seinen Zieheltern alleine gefüttert; nach ungefähr drei Wochen auch außerhalb des Nestes, wenn der Jungvogel flügge geworden ist.

21. April

Heute Morgen weckten mich Kuckucksrufe – wie schön! Wenn der Kuckuck ruft, ist für mich der Frühling da und der Sommer nicht mehr fern. Ich habe in meinem Gartentagebuch zurückgeblättert: Im letzten Jahr habe ich ihn auch am 21. April zum ersten Mal gehört.

Es ist frühsommerlich warm, die Nacht war wie im Hochsommer. Die Apfelbäume stehen in voller Blüte, ebenso die Japanische Kirsche. Im Osterkranz steckt ein Maiglöckchenstrauß. Habe Pflücksalat und Cosmeen gesät. Es haben sich auch viele Cosmeen selber versät – in diesem Sommer soll es noch üppiger werden.

Annette von Droste-Hülshoff
(1797-1848)

DER FRÜHLING IST DIE SCHÖNSTE ZEIT

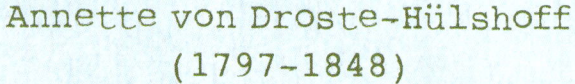

Der Frühling ist die schönste Zeit!
Was kann wohl schöner sein?
Da grünt und blüht es weit und breit
im goldnen Sonnenschein.

Am Berghang schmilzt der letzte Schnee,
das Bächlein rauscht zu Tal,
es grünt die Saat, es blinkt der See
im Frühlingssonnenstrahl.
Die Lerchen singen überall,
die Amsel schlägt im Wald!
Nun kommt die liebe Nachtigall
und auch der Kuckuck bald.

Nun jauchzet alles weit und breit,
da stimmen froh wir ein:
Der Frühling ist die schönste Zeit!
Was kann wohl schöner sein?

MAI

Johann Wolfgang von Goethe
(1749–1832)

Es lacht der Mai!
Der Wald ist frei
von Eis und Reifgehänge.
Der Schnee ist fort;
am grünen Ort
erschallen Lustgesänge.

Der Mai wird vielfach besungen. Gedichte und Lieder preisen seine Lieblichkeit und den endgültigen Abschied von den Entbehrungen des Winters. Verschwenderisch zeigt sich die Blüte der Obstbäume. Die Zugvögel sind zurückgekehrt und zwitschern in den Wäldern, die in ihrem jungen Pistaziengrün zu keiner Zeit des Jahres frischer aussehen.

Vermutlich ist der fünfte Monat des Jahres nach der römischen Göttin Maia benannt. Als gesichert gilt, dass sich *maius* etymologisch aus der Bedeutung »Wachstum« und »Vermehrung« herleiten lässt.

Im sprichwörtlichen Wonnemonat Mai findet sich sein alter deutscher Name Wonnemond wieder, wobei mit »Wonne« ursprünglich nicht nur Freude, sondern auch Weide oder Futter gemeint waren. Denn in diesem Monat wurde das Vieh wieder auf die Weide hinausgetrieben; dort kommen die Jungtiere zur Welt und es herrscht, nach der Froststarre der langen Wintermonate, die Zeit der Erneuerung.

Während mit den Hexenfeuern der Walpurgisnacht am 30. April die letzten bösen Geister in die Dunkelheit zurückgewiesen werden, tanzt man in den Mai und hat erleichtert

die beste Zeit des Frühlings vor sich: Die linden Lüfte sind erwacht – so die Hoffnung.

Manchmal erfüllt sich dieser Wunsch, aber es kann auch ganz anders kommen. Denn Mitte des Monats, vom 11. bis 15. Mai, erwarten uns die Eisheiligen: Mamertus, Pankratius, Servatius, Bonifatius und Sophie. Dann kann es durchaus noch einmal Bodenfrost geben.

»Pankraz, Servaz, Bonifaz machen erst dem Sommer Platz« oder »Pflanze nie vor der Kalten Sophie« lauten nur zwei der zahlreichen Bauernregeln, die vor dem Regiment der frostigen Gesellen und dem letzten möglichen Kälteeinbruch warnen.

Erdbeeren, die jetzt blühen, sollte man daher mit einem Vlies abdecken und die wärmeliebenden Kübelpflanzen wie Engelstrompete, Oleander und Lorbeer nicht zu früh ins Freie bringen. Auch Geranien bekommt ein Kälteschock nicht.

Ende Mai stabilisieren sich die milderen Temperaturen verlässlich und ab jetzt kann unbedenklich mit der Aussaat auch frostempfindlicher Pflanzen und Samen begonnen werden.

8. Mai

Habe das Kräuterbeet durchforstet. Schnittlauch kommt recht üppig, die Düngung mit Kaffeesatz hat wie immer gutgetan. Salbei und Thymian haben den Winter gut überstanden. Verschiedene Minzesorten kommen auch. Nur der Rosmarin ist erfroren, obwohl ich ihn in eine dicke Schicht Laub gehüllt hatte. Ich pflanze ihn jetzt direkt in einen Topf, dann kann ich ihn schützen, wenn es zu kalt wird.

Rose Ausländer
(1901–1988)

MAI

Mit Maiglöckchen
läutet das junge Jahr
seinen Duft
der Flieder erwacht
aus Liebe zur Sonne
Bäume erfinden wieder ihr Laub
und führen Gespräche
Wolken umarmen die Erde
mit silbernem Wasser
da wächst alles besser
Schön ist's im Heu zu träumen
dem Glück der Vögel zu lauschen
Es ist Zeit sich zu freuen
an atmenden Farben
zu trauen dem blühenden Wunder
Ja es ist Zeit
sich zu öffnen
allen ein Freund zu sein
das Leben zu rühmen.

Maiglöckchen
Convallaria majalis

LIEBLINGSBLUMEN IM MAI ...

... sind pastellfarben und filigran und lassen den Frühlingsgarten verwunschen aussehen; ein bezauberndes Zusammenspiel aus zarten Blau-, Violett- und Rosatönen und dem cremigen Weiß von Maiglöckchen.

Die **Akelei** gehört zu den Hahnenfußgewächsen, wie Rittersporn, Silberkerze oder Pfingstrose. Ursprünglich eine Wild- und Wiesenstaude, blickt diese zarte Blume auf eine lange Gartentradition zurück, was bereits ihre akkurate Darstellung in der Kunst des Mittelalters bezeugt. Sie findet sich nicht nur in der mittelalterlichen Buchmalerei, sondern auch auf bedeutenden Altar- und Tafelbildern der Spätgotik. So blüht sie im berühmten Frankfurter »Paradiesgärtlein« unter zahlreichen anderen naturgetreu dargestellten Pflanzen. Auf dem Genter Altar zu Füßen der musizierenden Engel zum floralen Kachelmuster abstrahiert, zeigt sie sich hier, neben dem Lamm Gottes, Christus zugeordnet. Wobei die christliche Ikonografie die Akelei als Blume der Demut und Bescheidenheit auch der Gottesmutter zuweist. Und ebenso dem Heiligen Geist in der Symbolik der Taube, was sich aus der eigenwilligen Blütenform erklären lässt. Über den gefiederten Laubblättern erheben sich an anmutig gebogenen Stängeln die Blütenlaternen mit den charakteristisch geformten länglichen Nektarblättern. In diesen zu fünft im Kreis angeordneten Spornen lassen sich fünf Tauben erkennen; »Fünf-Vogerl-zsamm« oder »Tauberl«, wie die Blume dementsprechend im süddeutschen Raum auch genannt wird; auf Englisch schlicht »Columbine«, »Taube« also.

Die Akelei vermehrt sich durch Aussamung. Mischen sich unterschiedliche Sorten, kann es zu ganz neuen überraschenden Farbkombinationen kommen; von Rosa, Weiß über Blassgelb, Gelb und Scharlachrot bis Hell- und Dunkelblau und Blauviolett. Die Akelei gedeiht am liebsten in lichtem Halbschatten, wächst aber auch in der Sonne.

Akelei
Aquilegia

Auch das **Maiglöckchen** findet sich im mittelalterlichen »Paradiesgärtlein«, denn wie die Akelei, die Lilie und die Rose ist es eine Marienblume und symbolisiert Reinheit, Unschuld und Bescheidenheit. Eine Legende berichtet, dass aus den Tränen der Gottesmutter um den gekreuzigten Christus das Maiglöckchen erwachsen ist; für jede Träne ein Glöckchen am Blütenstängel. Gleichzeitig kündet die zierliche Blume von kommender Freude und gilt in Marienbildern und Darstellungen des Jüngsten Gerichts als Vorzeichen der Geburt und Wiederkunft Christi. Das Maiglöckchen ist ein Liliengewächs, die »Lilie des Tales«, die, gesellig wachsend, in unseren Gärten und lichten Frühlingswäldern duftende Blütenteppiche bildet. Kaum etwas wirkt nach der eintönigen Palette des Winters erfrischender als der Anblick der weißen Blütentrauben vor dem Dunkelgrün der aufrechten Blattlanzetten. Der betörende, süße Duft lockt Insekten an und wird in Liedern und Gedichten gepriesen. In einem Brautstrauß im Mai darf das verspielte, romantische Maiglöckchen als Glücks- und Liebessymbol nicht fehlen. Es ist eine haltbare, aber giftige Schnittblume, deren Wirksamkeit gegen Herzerkrankungen in der Volksheilkunde schon im Mittelalter bekannt war.

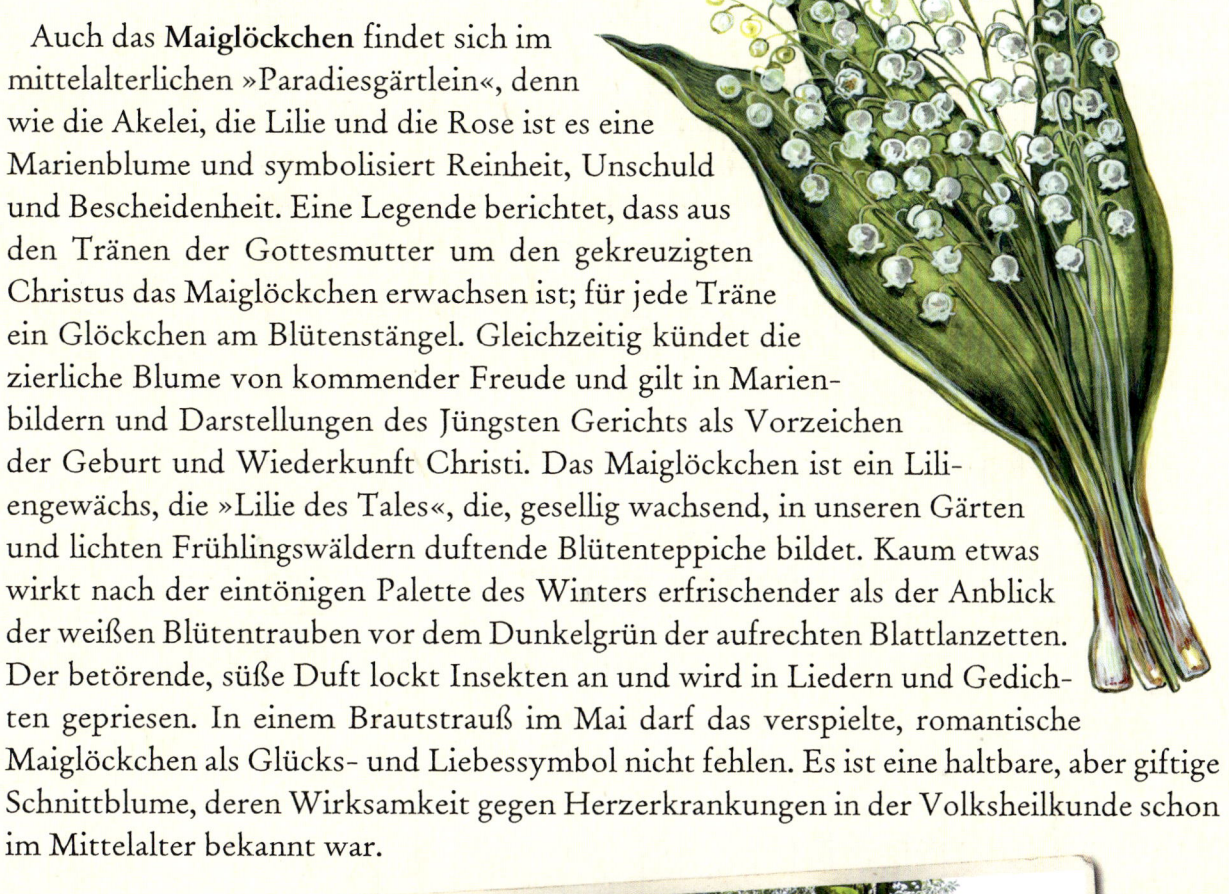

LIEBLINGSBLUMEN IM MAI

Das **Vergissmeinnicht** wirkt mit seinen zarten blauen Blüten wie ein Abbild des Frühlingshimmels. *Myosotis* lautet die aus dem Griechischen stammende botanische Bezeichnung der artenreichen Gattung, was – gänzlich unromantisch und prosaisch – »Mäuseohr« bedeutet und sich auf die Form seiner Laubblätter bezieht. Blau ist die Farbe der Treue, und um Treue geht es in der kleinen Geschichte, die sich, *nomen est omen,* um die Herkunft seines sprechenden Namens rankt, der in verschiedenen Sprachen Gleiches fordert. »Forget me not« im Englischen und »Ne m'oubliez pas« auf Französisch ruft der Ertrinkende, laut Überlieferung, seiner Geliebten zu, der er am Ufer das blaue Blümchen hatte pflücken wollen. Fortan wird es seine letzten Worte zum Namen haben.

Wie das Maiglöckchen wirkt auch das Vergissmeinnicht am schönsten in dichten Gruppen. Es stellt keine besonderen Ansprüche an den Boden und samt sich, wenn man die Mutterpflanze lange genug stehen lässt, üppig aus.

Heinrich Heine (1797–1856)

IM WUNDERSCHÖNEN MONAT MAI ...

Im wunderschönen Monat Mai,
als alle Knospen sprangen,
da ist in meinem Herzen
die Liebe aufgegangen.

Im wunderschönen Monat Mai,
als alle Vögel sangen,
da hab ich ihr gestanden
mein Sehnen und Verlangen.

Hoffmann von Fallersleben
(1798–1874)

VERGISSMEINNICHT

Es blüht ein schönes Blümchen
auf unsrer grünen Au.
Sein Aug' ist wie der Himmel
so heiter und so blau.

Es weiß nicht viel zu reden,
und alles, was es spricht,
ist immer nur dasselbe,
ist nur: Vergissmeinnicht.

Wenn ich zwei Äuglein sehe
so heiter und so blau,
so denk ich an mein Blümchen
auf unsrer grünen Au.

Da kann ich auch nicht reden,
und nur mein Herze spricht,
so bange nur, so leise,
und nur: Vergissmeinnicht.

vergissmeinnicht
Myosotis

LIEBLINGSBLUMEN IM MAI

Ob es sich bei der lieblich duftenden blauen Blume um das Atlantische **Hasenglöckchen**, *Hyacinthoides non-scripta,* oder das Spanische Hasenglöckchen, *Hyacinthoides hispanica,* handelt, lässt sich daran erkennen, ob die länglichen Kelche der üppigen Blütentraube an einem sanft gebogenen oder aufrechten Stängel stehen. Nur das Atlantische Hasenglöckchen, die wohl berühmteste englische Frühlingsblume, weist den zierlich geneigten Stängel auf, von dem die Blütenglocken wie exquisiter Jugendstilschmuck herabhängen. Die leuchtend blauen Blumenteppiche der »blue bells« verwandeln auf den Britischen Inseln im Frühling ganze Wälder und Gehölze in Feengefilde. So lautet ein anderer englischer Name der zu den Spargelgewächsen gehörenden Zwiebelblumen denn auch »Dead Man's Bells«, weil es heißt, dass eben jene Feen den mit einem Fluch belegen, der es wagt, von ihren Blumen zu pflücken.

In Deutschland in derart ausgedehntem Vorkommen eine botanische Rarität, befindet sich ein Areal des Atlantischen Hasenglöckchens im Wald der blauen Blumen bei Hückelhoven in Nordrhein-Westfalen, unweit der holländischen Grenze. In unserem Garten wächst das Spanische Hasenglöckchen mit seinen aufrechten Glockenstäben. Gemäß dieser Art reichen die zarten Töne der Blüten von lichtem Blau bis zu Violett und Rosa. Sie haben sich unter der Magnolie ausgebreitet, und es ist eine Augenweide, wenn deren schwere Blütenzweige bis auf die pastellfarbene Pracht darunter herabhängen.

Flieder
Syringa

Was gibt es Schöneres, als an einem warmen Frühlingstag unter einem duftenden **Flieder** zu sitzen! Kaum ein anderer Blütenstrauch vermag den Garten in Wolken zu hüllen, die wie schweres Parfüm die laue Luft durchdringen. Der zu den Ölbaumgewächsen gehörende Flieder wurde, wie die Gartentulpe, im 16. Jahrhundert aus der Türkei eingeführt und avancierte mit der Zeit zu einem der beliebtesten Blütensträucher in den heimischen Gärten; insbesondere ein klassischer Bauerngarten ist ohne einen üppigen Fliederbusch nahe dem Hause kaum vorstellbar. Das dichte Laub bietet überdies einen guten Windschutz und Lebensraum für zahlreiche Vögel und Insekten. Flieder, botanisch *Syringa*, weist über zwanzig verschiedene Arten auf – mit lila, violetten oder weißen Blütenrispen; einfach oder gefüllt.

LIEBLINGSBLUMEN IM MAI

Das **Tränende Herz**, eine nostalgische Schönheit des klassischen Bauerngartens, gedeiht mit der Akelei im Schattenbeet und besticht wie sie durch anmutigen Wuchs und eine besonders aparte Blütenform. Diese hat der zu den Mohngewächsen gehörenden Staude ihren Namen gegeben, denn am elegant gebogenen Stängel hängen in traubenförmiger Anordnung acht bis elf herzförmige Blüten. Zwischen den Sporen der beiden äußeren, rosafarbenen Kronblätter treten, vor dem Aufblühen in deren enger Umhüllung, zwei ungespornte weiße Blütenblätter hervor. Für den Betrachter fällt aus der Spitze des Herzens ein Tautropfen herab – oder aber eine Träne. Zu diesem ornamentalen »Herzerlstock«, wie das Tränende Herz auch genannt wird, passt das zart gefiederte bläulich grüne Laub der Pflanze, die ursprünglich in Ostasien beheimatet ist und im 19. Jahrhundert durch Botaniker nach Europa kam. Neben der rosafarbenen Sorte ist das reinweiße *Lamprocapnos spectabilis* »Alba« von erlesener Schlichtheit. Das Tränende Herz ist winterhart, ein geschützter Standort im Garten aber empfehlenswert, da die Blume nach dem zeitigen Austreiben im Vorfrühling mitunter empfindlich auf späte Nachtfröste reagiert.

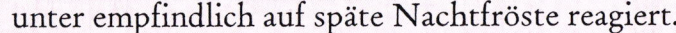

Tränendes Herz
Lamprocapnos spectabilis

Im antiken Griechenland taucht das **Veilchen** in den Kulten so unterschiedlicher Gottheiten wie des Hirtengottes Pan, Dionysos, aber auch der Totengöttin Persephone auf. Und findet, gleich dem Holunder, bereits in frühester Zeit Erwähnung in den Schriften berühmter Ärzte und Gelehrter: Hippokrates und Plinius d. Ä. empfehlen die zarte dunkelviolette Blume dank ihres Wohlgeruchs als Mittel bei Kopfschmerzen und Melancholie. Auch spätere Zeitalter kennen die vielfältig heilenden Kräfte seiner Blüten, Blätter und Wurzeln. Das christliche Mittelalter rühmt das Veilchen als Blume der Demut und Bescheidenheit, was seiner wahren Natur allerdings widerspricht: Die artenreiche Familie der Veilchengewächse ist botanisch von großer Durchsetzungskraft und breitet sich an einem kriechenden Wurzelstock mit vielen Ausläufern und Blühtrieben teppichartig aus. Auch Ameisen sorgen für die Verbreitung, indem sie die Samen der Kapselfrucht nach dem Verblühen weiträumig verschleppen. Überirdisch erfreut das Veilchen an leicht schattigen Plätzen mit seinem legendären Duft und hielt als delikates Aroma Einzug in die höfischen Küchen und die Destillen der Parfümeure. Das Duftveilchen ist wie die Rose eine Lieblingsblume der Dichter; als Blume des Frühlings und der Liebe ist seine zarte Unschuld in einer Vielzahl von Liedern und Gedichten verewigt.

Christian Adolph Overbeck
(1755–1821)

Komm, lieber Mai, und mache
die Bäume wieder grün
und lass mir an dem Bache
die kleinen Veilchen blühn.
Wie möcht ich doch so gerne
ein Veilchen wieder sehn!
Ach, lieber Mai, wie gerne
einmal spazieren gehn!

VEILCHENESSIG NACH HENRIETTE DAVIDIS

Veilchenessig (ein beruhigendes Getränk für Kranke, namentlich bei Nervenleiden und Kopfschmerz)

2 bis 3 Handvoll blauer, wohlriechender Veilchen, die Stiele entfernt, tut man in eine Flasche, füllt sie mit Weinessig und lässt sie, verkorkt, einige Zeit in der Sonne oder an einem warmen Ofen stehen, gießt den Essig durch ein Fließpapier und bewahrt ihn in einer Flasche, verkorkt, zum Gebrauch auf. Es wird davon ein Teelöffel in ein Glas gegeben und mit Zucker versüßt. Zugleich ist dieser Essig eine feine Würze an Soßen und Ragouts.

*Originaltext aus »Praktisches Kochbuch
für die gewöhnliche und feinere Küche«*

16. Mai

Es macht gute Laune, morgens in den Garten zu gehen. Am Zaun zum Gemüsegarten ein breiter Streifen von blühenden Vergissmeinnicht! Überall Veilchen, dazwischen Akeleien in allen Blau-, Rosa-, Lila-Tönen, späte Narzissen mit reinweißen Blütenkelchen. Üppig blühen das Tränende Herz und die Maiglöckchen. Auf der Wiese Gänseblümchen und eigentlich viel zu viel Löwenzahn. Es duftet. Ich pflücke mir gleich einen zarten Frühlingsstrauß.

Gerdt von Bassewitz (1878–1923)
Aus: »Peterchens Mondfahrt«

DER MAIKÄFER

»Sumsemann« hieß der dicke Maikäfer, der im Frühling auf einer Kastanie im Garten von Peterchens Eltern hauste, nicht weit von der großen Wiese mit den vielen Sternblumen.

Er war verheiratet gewesen; aber seine Frau war nun tot. Ein Huhn hatte sie gefressen, als sie auf dem Hofe einherkrabbelte am Nachmittag, um einmal nachzusehen, was es da im Sonnenlicht zu schnabulieren gab.

Für die Maikäfer ist es nämlich sehr gefährlich, am Tage spazieren zu gehen. Wie die Menschen des Nachts schlafen müssen, so schlafen die Maikäfer am Tage.

Aber die kleine Frau Sumsemann war sehr neugierig und so brummte sie auch am Tage herum. Gerade hatte sie sich auf ein Salatblatt gesetzt und dachte: »Willst mal probieren, wie das schmeckt!« ... Pick! – da hatte das Huhn sie aufgefressen.

Es war ein großer Schmerz für Herrn Sumsemann, den Maikäfer. Er weinte viele Blätter nass und ließ seine Beinchen schwarz lackieren. Die waren früher rot gewesen; aber es ist Sitte bei den Maikäfern, dass die Witwer schwarze Beine haben in der Trauerzeit. Und Herr Sumsemann hielt auf gute Sitte, denn er war der letzte Sohn einer sehr berühmten Familie.

Streng genommen kann es so nicht gewesen sein. Aber da es sich hier um Maikäfer der »berühmten Familie Sumsemann« aus dem schönen alten Kinderbuch »Peterchens Mondfahrt« handelt, sollte in diesem märchenhaften Fall niemand auch nur im Geringsten daran zweifeln, dass der gute Herr Sumsemann noch lange um die verstorbene Gattin getrauert hat.

In der Natur hingegen überleben die männlichen Maikäfer nach der Paarung die Hochzeitsnacht nur um wenige Tage, da sich mit ihrem Beitrag zur Fortpflanzung der Zweck ihrer kurzen Lebenszeit als Käfermann bereits erfüllt hat.

Doch alle Maikäfer, ob männlich oder weiblich, haben schon ein jahrelanges Vorleben in anderer Gestalt hinter sich, bevor sie sich in einer warmen, am besten windstillen Frühlingsnacht aus dem dunklen Erdreich zu ihrem Jungfernflug aufmachen. Dann brummen sie behäbig in den nächsten, reichlich Futter versprechenden Baum – idealerweise eine Eiche oder Buche mit zartem jungem Laub – und der sogenannte Reifungsfraß beginnt. Die kurz nach dem Ausschwärmen stattfindende Paarung der Käfer lässt nach dem Sterben der Männchen die begatteten Weibchen zurück, in denen die Eier heranreifen. In den ihnen verbleibenden vier bis sechs Wochen Lebenszeit ernähren sie sich weiter von Blättern und frischen Trieben. Wenn es Zeit ist, suchen sich die Käferweibchen eine Stelle am Boden, an der sie sich zentimetertief in die Erde eingraben, um mehrere Dutzend Eier abzulegen.

Die als Engerlinge bezeichneten Maikäferlarven schlüpfen nach vier bis sechs Wochen. Sie ernähren sich zunächst von Humus und zarten, in den nachfolgenden Jahren von kräftigeren Wurzelfasern. Um dem Winterfrost zu entgehen, aber auch in sommerlichen Trockenzeiten, können sich die Engerlinge bis zu 80 cm tief ins Erdreich eingraben.

Vier bis fünf Jahre existieren die Maikäferlarven in dieser Form und häuten sich dabei mehrmals, bis das vorletzte Stadium der Metamorphose erreicht ist. Der Engerling verpuppt sich im letzten Jahr in einer noch tiefer gelegenen Erdhöhle, wo nach etwa sechs Wochen der fertige Maikäfer der Puppe entschlüpft.

Die Jungkäfer überdauern den Winter in ihrer Puppenwiege, bis sie die Wärme des späten Frühlings veranlasst, ihr unterirdisches Dasein aufzugeben.

Sie graben sich ans Sonnenlicht, schwärmen aus und der Lebenszyklus der Maikäfer beginnt erneut.

Selma Lagerlöf (1858–1940)
Aus: »Gösta Berling«

LILJECRONAS HEIMAT

Unter den Kavalieren war einer, den ich schon als großen Musiker erwähnt habe. Er war ein hochgewachsener, breit gebauter Mann mit einem mächtigen Kopf und buschigem schwarzem Haar. Damals konnte er nicht viel über vierzig Jahre alt sein, aber er hatte ein hässliches, grob geschnittenes Gesicht und ein gemessenes Wesen, sodass ihn viele schon für einen alten Mann hielten. Er war ein guter, aber schwermütiger Mensch.

Eines Nachmittags nahm er die Geige unter den Arm und verließ Ekeby. Er verabschiedete sich von niemand, obgleich es seine Absicht war, nie wieder zurückzukehren. Seit er die Gräfin Elisabet in ihrem Unglück gesehen hatte, war ihm das Leben auf Ekeby verleidet. Er wanderte den ganzen Abend und die ganze Nacht hindurch, ohne sich auszuruhen, bis er bei Sonnenaufgang einen kleinen Herrenhof namens Löfdala erreichte, dessen Besitzer er war.

Es war noch so früh, dass kein Mensch wach war. Liljecrona setzte sich auf das grün angestrichene Schaukelbrett vor dem Herrenhaus und betrachtete sein Besitztum.

Lieber Gott, einen schöneren Ort gab es gewiss nicht wieder! Der Platz vor dem Hause senkte sich leicht und war mit feinem hellgrünem Gras bedeckt. Einen solchen Rasen gab es nirgends. Die Schafe durften darauf weiden und die Kinder sich im Spiel dort tummeln, aber trotzdem blieb er ebenso frisch und grün. Er wurde nie gemäht, aber wenigstens einmal in der Woche ließ die Hausmutter alle Zweige, Strohhalme und dürren Blätter von dem frischen Grase entfernen. Er betrachtete den mit Sand bestreuten Weg vor dem Hause und zog plötzlich die Füße zurück. Die Kinder hatten gestern Abend noch richtige Muster darauf geharkt und seine großen Füße hatten nun an der feinen Arbeit großen Schaden angerichtet. Nein, wie hier alles gedieh! Die sechs Ebereschen, die den Rasenplatz bewachten, waren so hoch wie Buchen und so stämmig wie Eichen. Solche Bäume hatte es gewiss noch nie gegeben! Großartig waren sie mit ihren dicken, von gelben Flechten bewachsenen Stämmen und mit den großen weißen Blütenbüschen, die aus dem dunklen Laub aufragten. Er musste an den Himmel und seine Sterne denken. Es war wirklich zum Verwundern, wie die Bäume hier gediehen.

Dort stand ein alter Weidenbaum, der so dick war, dass ihn zwei Männer nicht umspannen konnten. Er war jetzt morsch und hohl und der Blitz hatte ihm die Krone geraubt, aber er wollte nicht sterben. In jedem Frühling sprossten frische grüne Zweige aus dem abgebrochenen Stamm auf, um zu zeigen, dass noch Leben in ihm war.

Der Faulbaum am östlichen Giebel des Hauses war so groß geworden, dass er das ganze Haus beschattete. Das Rasendach war von den abgefallenen Blütenblättern ganz weiß, denn der Faulbaum hatte eben ausgeblüht. Und die Buchen, die in kleinen Gruppen da und dort auf den Feldern standen, sie hatten sicher das Paradies auf seinem Gute. Sie zeigten so viele verschiedene Baumformen, als ob sie übereingekommen wären, alle anderen Bäume nachzumachen. Eine glich einer Linde mit einem gewölbten, dichten und schattigen Blätterdach, eine andere stand schlank und kegelförmig da wie eine Pappel und eine dritte ließ die Zweige hängen wie eine Trauerweide. Keine glich der anderen, aber schön waren sie alle.

Liljecrona stand auf und ging ums Haus herum. Da lag der Garten so wunderbar schön, dass er stillstehen und tief aufatmen musste. Die Apfelbäume blühten. Ja, das hatte er gewusst. Er hatte sie ja auf allen den andern Gütern blühen sehen; aber nirgends blühten sie so schön wie hier auf diesem Hofe, wo er sie schon als Kind in ihrer Blütenpracht bewundert hatte. Mit gefalteten Händen und vorsichtigen Schritten wandelte er auf den Wegen hin und her.

Der Boden war weiß, und die Bäume waren weiß, hier und da mit einem blassrosa Schimmer. Etwas so Schönes hatte er noch nie gesehen. Jeden von diesen Bäumen kannte er so gut, wie man seine Geschwister und Spielkameraden kennt. Die Astrachanäpfel und die Winteräpfel blühten ganz weiß, die Blüten der Sommeräpfel waren rosa und die der Paradiesäpfel leuchtend rot. Am schönsten war der alte Holzapfelbaum, dessen kleine, bittere Früchte niemand essen konnte. Er geizte wahrlich nicht mit Blüten, er sah im Morgenglanze wie eine große Schneewehe aus.

Denn bedenkt nur, es war noch früh am Morgen! Der Tau auf jedem Blatt; aller Staub war abgewaschen. Hinter den bewaldeten Bergen, an deren Fuß der Herrenhof lag, drangen die ersten Strahlen der Morgensonne hervor. Es sah aus, als hätten sie die Wipfel der Tannen angezündet. Über den Kleeäckern, über Roggen- und Gerstenfeldern und über der hervorsprossenden Hafersaat lag der lichteste Nebel, und die Schatten waren ebenso scharf wie bei hellem Vollmondschein.

Er bleibt stehen und betrachtet die großen Gewürzbeete zwischen den Gartenwegen. Er erkennt, dass seine Frau mit ihren Mägden hier gearbeitet hat. Sie haben gegraben, gehackt und gedüngt und das Unkraut ausgerissen, dann haben sie die Erde geharkt, bis sie fein und leicht geworden ist. Hierauf wurden die Beete gerade gemacht, die Ränder scharf abgestochen und die Beete dann mit Schnüren und Pflöcken in Streifen und Vierecke abgeteilt. Dann sind mit kleinen lustigen Schritten schmale Gänge ausgetreten worden, und zum Schluss wurde gesät und gepflanzt, bis alle Streifen und Vierecke voll waren. Und die Kinder waren auch dabei, voll Freude und Eifer, weil sie helfen durften, obgleich es schwere Arbeit für sie war, so vorgebeugt stehen und die Arme so weit über die breiten Beete strecken zu müssen. Und natürlich haben sie unglaublich viel geleistet, wie sich jedermann wohl denken kann.

Jetzt begann der Samen aufzugehen.

Gott segne sie! Wie keck sie dastanden, die Erbsen und die Bohnen mit ihren zwei dicken Keimblättern, und wie gleichmäßig und hübsch die Karotten und die Rüben aufgegangen waren! Am lustigsten waren die kleinen krausen Petersilienblätter anzuschauen, die die Erdschicht über sich ein klein wenig in die Höhe hoben und noch Versteck mit dem Leben spielten.

Und dann war da ein kleines Beet, das nicht so genau abgeteilt war und wo die kleinen Vierecke aussahen wie eine kleine Musterkarte von allem, was gepflanzt und gesät werden konnte. Das war der Garten der Kinder.

Und Liljecrona legte rasch die Geige ans Kinn und begann zu spielen. In dem hohen Gebüsch, das den Garten vor dem Nordwind schützt, stimmen die Vögel nun auch ihr Morgenlied an. An solch einem herrlichen Morgen war es keinem mit einer Stimme begabten Wesen möglich zu schweigen. Der Fidelbogen bewegte sich ganz von selbst.

Liljecrona ging in den Wegen auf und ab und spielte.

»Nein«, dachte er, »einen schöneren Ort gibt es auf der ganzen Welt nicht!« Was war Ekeby gegen Löfdala? Sein Haus war einstöckig und nur mit Rasen bedeckt. Es lag am Waldsaum, die Berge dicht hinter sich und das lange Tal vor sich. Es war nichts Merkwürdiges da: kein See, kein Wasserfall, keine Uferwiesen, kein Park, und doch war es so schön! Es war schön, weil es eine gute friedliche Heimat war. Hier war das Leben leicht. Alles, was anderswo Bitterkeit und Hass hervorgerufen hätte, wurde hier mit Milde ausgeglichen. So sollte es in jedem Hause sein.

Drinnen im Hause schläft die Hausfrau in einem Zimmer nach dem Garten. Sie erwacht plötzlich und lauscht, aber sie rührt sich nicht. Sie lauscht und beginnt zu lächeln. Die Musik kommt näher und immer näher, schließlich ist es, als sei der Spielmann vor ihrem Fenster stehen geblieben. Es ist nicht das erste Mal, dass Geigenspiel vor ihrem Fenster ertönt. So pflegt ihr Mann heimzukommen, wenn sie dort auf Ekeby einen außergewöhnlich wilden Streich ausgeführt haben.

Da draußen steht er nun und beichtet und bittet um Vergebung. Er beschreibt ihr die finstern Mächte, die ihn von dem weglocken, was er am meisten liebt, von ihr und den Kindern. Aber er liebt sie! O gewiss, er liebt sie!

Während er spielt, steht sie auf und kleidet sich an, ohne mehr zu wissen, was sie tut. Sein Spiel nimmt alle ihre Gedanken gefangen.

»Nicht Luxus und Wohlleben haben mich fortgelockt«, spielt er, »nicht Liebe zu andern Frauen und nicht Ruhm, sondern die verlockende Vielseitigkeit des Lebens. Ich muss mich von seiner Schönheit, seiner Bitterkeit, seinem Reichtum umgeben fühlen. Aber jetzt habe ich genug davon, jetzt bin ich müde und befriedigt. Ich werde meine Heimat nicht mehr verlassen. Vergib mir, habe Nachsicht mit mir!«

Sie zieht die Gardinen zurück und öffnet das Fenster; er sieht ihr schönes, gutes Gesicht.

Sie ist gut und sie ist weise. Ihre Blicke bringen, den Strahlen der Sonne gleich, Segen, wohin sie fallen. Sie befiehlt und sie behütet. Wo sie ist, muss alles wachsen und gedeihen. Sie trägt das Glück in sich.

Er schwingt sich zu ihr aufs Fensterbrett und ist glücklich wie ein jugendlicher Liebhaber.

Dann hebt er sie aus dem Fenster und trägt sie in den Garten unter die Apfelbäume. Dort sagt er ihr, wie schön dies alles sei, und zeigt ihr die Gewürzbeete und die Pflanzungen der Kinder und die kleinen lustigen Petersilienblätter.

Als die Kinder erwachen, entsteht Jubel und Entzücken über die Heimkehr des Vaters. Sie nehmen ihn ganz in Beschlag. Er muss nun alles Neue und Merkwürdige besehen, das kleine Hammerwerk, das drunten am Bache klappert, das Vogelnest im Weidenbaum und die Karauschen im Teiche, die zu Tausenden an der Oberfläche des Wassers schwimmen. Dann machen Vater und Mutter mit den Kindern einen langen Spaziergang durch die Felder. Vater muss sehen, wie dicht der Roggen steht, wie der Klee wächst und wie die Kartoffeln anfangen, ihre runzeligen Blätter aus der Erde herauszustrecken.

Er muss die von der Weide heimkehrenden Kühe sehen, muss die jungen Kälber in ihrem Verschlag und die Lämmer im Schafstall begrüßen, muss helfen, Eier suchen, und allen Pferden Zucker geben.

Die Kinder lassen ihn den ganzen Tag keinen Augenblick los. Keine Schule, keine Aufgaben – nur umherstreifen mit dem Vater!

Am Abend spielt er ihnen zum Tanz auf, und den ganzen Tag über ist er ihnen ein so guter Freund und Spielkamerad gewesen, dass sie vor dem Einschlafen den lieben Gott bitten, er möge Vater doch immer zu Hause bleiben lassen.

Er bleibt auch volle acht Tage und ist während der Zeit so fröhlich wie ein Kind. Er ist in alles daheim verliebt, in seine Frau und in seine Kinder, und er denkt gar nicht an Ekeby.

Aber eines Morgens ist er verschwunden. Er konnte es nicht länger aushalten – das Glück war zu groß für ihn. Ekeby war tausendmal geringer, aber Ekeby lag mitten im Strudel der Ereignisse. Ach, wie viel gab es dort, wovon man träumen und spielen konnte! Wie könnte er das Leben ertragen, fern von den Heldentaten der Kavaliere und fern von dem langen See, um den die wilde Jagd der Abenteuer dahinstürmte?

Auf seinem Gute ging alles ruhig seinen Gang. Alles wuchs und gedieh unter der Obhut der milden Hausmutter. Dort genossen alle ein stilles Glück. Alles, was anderswo Zwist und Bitterkeit hervorgerufen hätte, ging hier ohne Schmerz und Klage vorüber. Alles war, wie es sein sollte. Wenn nun der Herr des Hauses durchaus als Kavalier auf Ekeby leben wollte, was tat es? Würde es vielleicht etwas nützen, wenn man sich über die Sonne beklagte, dass sie jeden Tag im Westen verschwindet und die Erde im Finstern zurücklässt?

Wer ist unbezwinglich, wenn nicht die Demut? Wer ist des Sieges gewiss, wenn nicht die Geduld?

18. Mai

Es ist Mitte Mai und sehr trocken. Ich gieße und gieße.
Im Gemüsegarten habe ich Pflücksalat und glatte Petersilie gesät,
dazu noch vorgezogenen Eichblattsalat und Kohlrabi. Die Eisheiligen haben ihrem Ruf in diesem Jahr alle Ehre gemacht, nur den
Bodenfrost haben sie knapp ausgelassen. Nun wird es aber endlich
spürbar wärmer. Gestern haben wir die Bohnenstangen aufgestellt.
Die Bohnen müssen ja jetzt in die Erde gelegt werden. Wie jedes
Jahr eine heikle Angelegenheit, bis sie endlich zu sehen sind.
Unkomplizierter wären Buschbohnen, aber die an Stangen hoch-
rankenden Pflanzen sind ein so schöner Blickfang im Garten!

Aussaat im Mai

Sobald sich die ersten Frühlingsblumen zeigen und das Wetter einen spürbaren Umschwung ankündigt, möchte der Gärtner hinaus, um nach der langen Winterpause endlich die Arbeit auf den Gemüse- und Blumenbeeten aufzunehmen.

Zu seinen ersten Aufgaben gehören das Einsäen der Samen und das Auspflanzen von Setzlingen ins Beet, wobei die Winterhärte der jeweiligen Blumen- und Gemüsesorten bestimmt, wann Saat und vorgezogene Pflänzchen ins Freiland hinaus können. Im März beginnend mit Zwiebeln, frühen Salaten, Radieschen, Möhren und Spinat, geht es weiter mit dem Setzen der jungen Kohlpflanzen und dem Einsäen von Erbsen und einjährigen Sommerblumen.

Mit dem Legen der Bohnen sollte bis nach den Eisheiligen Mitte Mai gewartet werden, wenn sich der Boden aufgewärmt hat und keine Nachtfröste mehr zu befürchten sind. Dies gilt ebenfalls für das Auspflanzen von Zucchini- und Kürbispflänzchen. Nach der Kalten Sophie am 15. Mai können nun auch die Sommerblumenzwiebeln und -knollen von Dahlien, Gladiolen und Lilien in die Erde sowie empfindliche einjährige Gartenblumen, wie zum Beispiel Zinnien, ausgesät werden.

IMMER SCHÖN AUFRÜCKEN –

Fruchtwechsel im Gemüsegarten

Neben dem richtigen Zeitpunkt der Aussaat hat der Gärtner zuvor zu bedenken, wie er seinen Nutzgarten anlegt, damit alles gut gedeiht. Alle Pflanzen brauchen Nahrung und entnehmen dem Boden die Nährstoffe, die sie für ihr Wachstum benötigen. Aus diesem Grund werden in einem naturgemäßen Gemüsegarten die Reserven immer wieder durch Düngung aufgefrischt. Nun ist es aber so, dass nicht alle Pflanzen die gleiche Menge an Nahrung brauchen. Eine gute und altbewährte Methode, den jeweiligen Ansprüchen der Sorten gerecht zu werden, ist der Fruchtwechsel im Gemüsegarten. Will man so gärtnern, teilt man den Garten in vier Beete auf.

Im **ersten Beet** wachsen die Gemüse, die dem Boden sehr viel Nahrung entnehmen. Diese Starkzehrer wie Kohl, Lauch, Sellerie, Gurken, Zucchini, Kürbis und Kartoffeln benötigen eine gründliche Düngung mit Kompost, verrottetem Stallmist und organischem Dünger.

Das **zweite Beet** ist für die Mittelzehrer bestimmt, wie Möhren, Zwiebeln, Rote Bete, Salate, Spinat, Radieschen, Kohlrabi und Schwarzwurzeln. Sie sind mit einer dicken Schicht Kompost zufrieden; zusätzlich können sie noch mit Pflanzenjauchen gegossen werden.

Bohnen, Erbsen und Gartenkräuter sind Schwachzehrer, die nur eine einfache Kompoststreuung brauchen. Sie wachsen auf dem **dritten Beet.**

Die Bepflanzung auf diesen drei Beeten rotiert regelmäßig. Im nächsten Jahr wachsen die Mittelzehrer auf dem Beet, auf dem die Starkzehrer gestanden haben. Die Schwachzehrer wandern auf das Beet der Mittelzehrer und die Gemüse mit großem Nahrungsanspruch werden in das Beet der Schwachzehrer gepflanzt. Nur dieses Beet wird dann gründlich gedüngt. Im dritten Jahr rücken alle Pflanzen ein Beet weiter, bis im vierten Jahr die Ausgangsposition wieder erreicht ist.

Das **vierte Beet** ist bei dieser Gartenaufteilung für Pflanzen reserviert, die jahrelang den gleichen Standort lieben, wie Rhabarber, Tomaten und Erdbeeren.

AUF GUTE NACHBARSCHAFT!

Mischkultur im Gemüsegarten

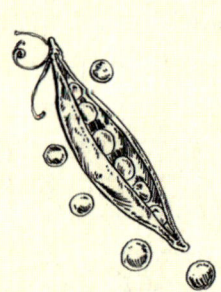  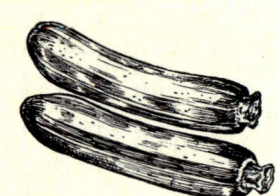 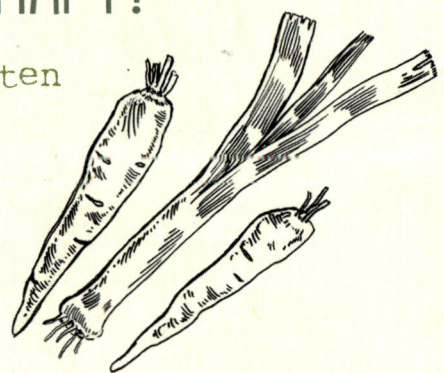

Eine andere Möglichkeit, den Gemüsegarten anzulegen, bietet dem Gärtner die Mischkultur. In der Natur wachsen meistens die Pflanzen zusammen, die sich sowohl über als auch unter der Erde gut ergänzen. Diese Harmonie der Pflanzen wird hier angestrebt, auf dem gleichen Beet, von einer Reihe zur anderen. Da jetzt die genügsamen und die anspruchsvollen Pflanzen zusammenstehen, muss die Düngung darauf abgestimmt sein. Ganz besonders zu beachten ist bei dieser Art des Gärtnerns, dass es unter den Pflanzen gute und schlechte Nachbarschaften gibt.

Manche Sorten beeinflussen sich sehr günstig, andere hemmen sich gegenseitig im Wachstum. Die Mischung der Gemüsepflanzen darf also nicht dem Zufall überlassen sein. Sie müssen so kombiniert werden, dass sie sich weder im Wurzelbereich bedrängen, noch über der Erde einander Sonne und Luft wegnehmen. Dementsprechend können zum Beispiel Möhren mit tiefen Wurzeln und flach wurzelnde Zwiebeln in abwechselnden Reihen gesät werden.

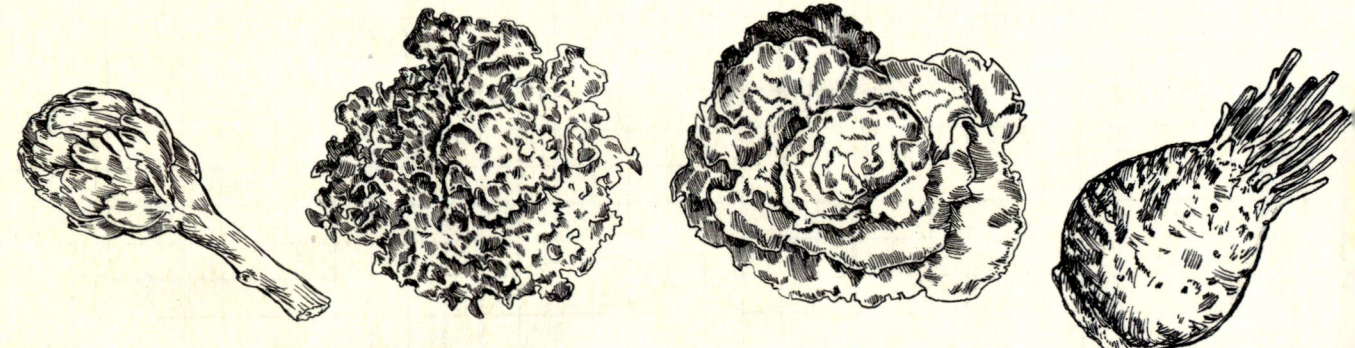

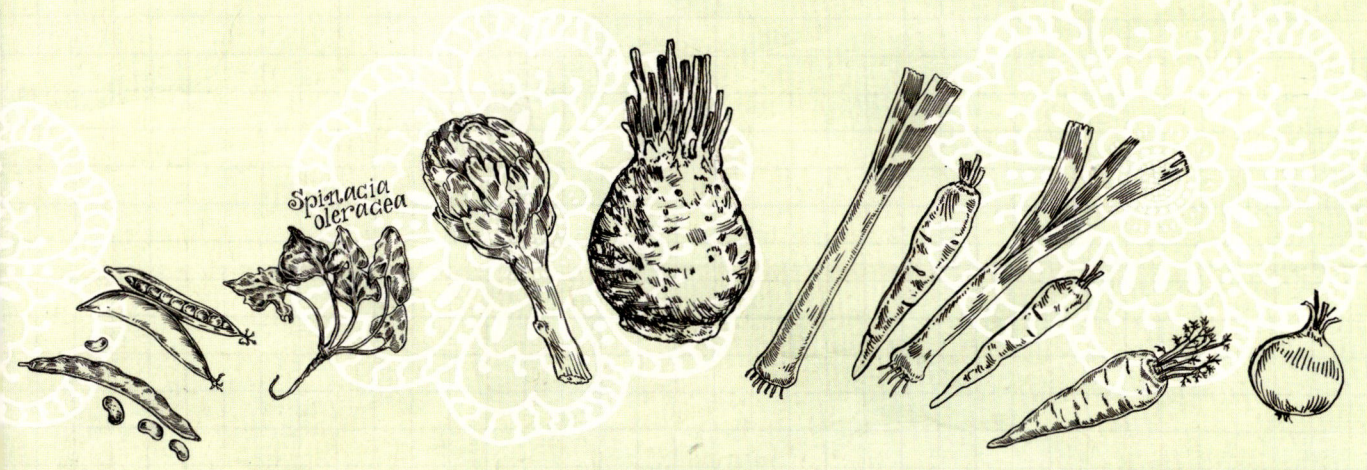

Spinacia oleracea

Gute Nachbarn

frühe Salate,
Kohlrabi, Radieschen

Tomaten und Petersilie
oder Sellerie

Kohl, Lauch und Spinat,
Zwiebeln und Möhren

Zwiebeln und Erdbeeren

Kartoffeln und Kohl,
Buschbohnen und Rote Bete

Erbsen und Gurken

Schlechte Nachbarn

Erbsen und Bohnen

Tomaten und Gurken
oder Fenchel
oder Kartoffeln

Zwiebeln und Kohl

Petersilie und Salat

Rote Bete und Spinat

DIE GUTEN HELFERLEINKRÄUTER

Nicht zu vergessen sind bei den verschiedensten Anbaumethoden Pflanzen und Kräuter, die im Garten den Schutz vor Schädlingen unterstützten, wie die Kapuzinerkresse, die mit ihren leuchtenden Bluten nicht nur schon aussieht, sondern ein wichtiger Helfer bei der Abwehr von Blut- und Blattläusen ist. Tagetes und Ringelblumen als Randbepflanzung von Gemüsebeeten bekämpfen Nematoden (Wurzelälchen). Rosmarin, Thymian, Salbei, Pfefferminze und Beifuß versuchen, den Kohlweißling aus dem Gemüsegarten zu vertreiben.

Kein Kräutlein im Garten ist so heikel
wie die pingelige Petersilie.

Sie wird jedes Jahr neu ausgesät. Da sie mit sich selber unverträglich ist, muss man sich ihre Standorte im Garten gut merken. Erst frühestens nach vier Jahren kann man sie wieder auf der gleichen Stelle aussäen. Petersilie möchte weder zu sonnig noch zu schattig stehen; ausgesät im Freiland, bei mindestens 14 °C Bodentemperatur, braucht sie mindestens 14–20 Tage zur Keimung. Dabei darf es weder zu trocken noch zu nass sein.

Stehen die jungen Pflänzchen zu dicht, muss man sie ausdünnen, denn umgepflanzt zu werden, mögen sie auch nicht. Um diesen Empfindlichkeiten gerecht zu werden, gilt als einfache und bewährte Methode, Petersilie in großen Kübeln oder Töpfen auszusäen, in denen man dann jedes Jahr die Erde erneuern muss.

21. Mai

Es ist warm, aber gewittrig. Seit heute Morgen, 4 Uhr, es war noch fast dunkel, ruft mein Freund, der Kuckuck, unentwegt im Eichenwäldchen. Findet er keine Partnerin? Ich lege gleich die Stangenbohnen. Pflanze die vorgezogenen Zinnien ein, meine Lieblingsblumen, säe aber auch noch neue. Außerdem habe ich die Dahlienknollen aus dem Winterquartier geholt: Sie haben auf dem Dachboden sehr gut überwintert. Jetzt werden sie erst einmal gewässert und dann pflanze ich sie an die vorgesehenen Stellen. Stöcke liegen auch schon bereit, die mit ins Pflanzloch kommen. Muss mal in meinen Kasten mit den Samentüten gucken und nachsehen, was sonst noch ausgesät werden soll.

Ringelblumen

ZINNIE

Erich Kästner
(1899–1974)

DER MAI

Im Galarock des heiteren Verschwenders,
ein Blumenzepter in der schmalen Hand,
fährt nun der Mai, der Mozart des Kalenders,
aus seiner Kutsche grüßend, über Land.

Es überblüht sich, er braucht nur zu winken.
Er winkt! Und rollt durch einen Farbenhain.
Blaumeisen flattern ihm voraus und Finken.
Und Pfauenaugen flügeln hinterdrein.

Die Apfelbäume hinterm Zaun erröten.
Die Birken machen einen grünen Knicks.
Die Drosseln spielen, auf ganz kleinen Flöten,
das Scherzo aus der Symphonie des Glücks.

Die Kutsche rollt durch atmende Pastelle.
Wir ziehn den Hut. Die Kutsche rollt vorbei.
Die Zeit versinkt in einer Fliederwelle.
O, gäb es doch ein Jahr aus lauter Mai!

Melancholie und Freude sind wohl Schwestern.
Und aus den Zweigen fällt verblühter Schnee.
Mit jedem Pulsschlag wird aus Heute Gestern.
Auch Glück kann wehtun. Auch der Mai tut weh.

Er nickt uns zu und ruft: »Ich komm ja wieder!«
Aus Himmelblau wird langsam Abendgold.
Er grüßt die Hügel und er winkt dem Flieder.
Er lächelt. Lächelt. Und die Kutsche rollt.

JUNI

Wilhelm Busch (1832–1908)
aus: »Schein und Sein«

ZUM GEBURTSTAG

Der Juni kam. Lind weht die Luft.
Geschoren ist der Rasen.
Ein wonnevoller Rosenduft
dringt tief in alle Nasen.

Manch angenehmes Vögelein
sitzt flötend auf den Bäumen,
indes die Jungen, zart und klein,
im warmen Neste träumen.

Der nach der römischen Göttin Juno benannte Juni, sechster Monat des Kalenders, zeitigt an seinem 21. Tag den kalendarischen Anbruch der zweiten Jahreszeit, des lang erwarteten Sommers.

Aus meteorologischer Sicht zieht der Sommer allerdings schon drei Wochen zuvor, am 1. Juni, ins Land und lässt in unseren nördlichen Breiten erwartungsvoll auf Sonnenschein und sommerliche Wärme hoffen.

Doch gleich den Eisheiligen, die Mitte Mai die Lieblichkeit des Frühlings noch einmal markant beeinträchtigen können, kann Anfang Juni statt sommerlicher Temperaturen die Schafskälte auftreten, so genannt im landwirtschaftlichen Kalender, weil sie den zu dieser Zeit bereits geschorenen Schafen empfindlich mitspielen konnte. Auch sein alter deutscher Monatsname ist aus dem bäuerlichen Jahresablauf überliefert, denn im »Brachet« oder »Brachmond« wurden in der Dreifelderwirtschaft des Mittelalters die zur Regeneration brachliegenden Felder wieder bestellt.

So steht jedes Jahr erneut zu wünschen, dass es der Sommer von Anfang an gut mit uns meint, denn der Juni ist auch der Rosenmonat, der

Geißblatt
Lonicera caprifolium

den Höhepunkt der Rosenblüte mit sich bringt. Alte und neue Sorten verwandeln Beete, Pergolen und Hauswände in Impressionen aus dem Dornröschenschloss, und weniges ist romantischer als eine in einen alten Apfelbaum rankende Kletterrose, wie man sie in vielen traditionellen englischen Gärten bewundern kann.

Im Juni blühen überdies Jasmin und Geißblatt auf verschwenderische Weise. Taglilien leuchten feurig zwischen den hohen Blütenkerzen von Rittersporn und Fingerhut. Der zarte Frauenmantel sammelt den Morgentau in seinen Blattkelchen und allerorts stehen Margeriten und Glockenblumen. Auch die prachtvolle Päonie erfreut uns zur Zeit des zwischen Mitte Mai und Mitte Juni terminlich variierenden Festes, dessen Namen sie trägt: die Pfingstrose.

Zum Juni gehören die Erdbeerernte und üppig tragende Johannisbeersträucher. Die jungen Vögel werden flügge und in den blühenden Sträuchern tummeln sich frühe Schmetterlinge.

Am 21. Juni, dem offiziellen Sommeranfang, hat die Sonne über der Nordhalbkugel der Erde ihren höchsten Stand erreicht. Es bricht der längste Tag mit der kürzesten Nacht an; ein seit vorchristlicher Zeit, gleich der Wintersonnenwende im Dezember, rituell bedeutsames Datum im Jahreslauf, das mit Feiern und Bräuchen gewürdigt wurde, die sich bis heute in den Mittsommerfesten erhalten haben. Das Christentum bemühte sich, die heidnischen Riten in das Fest des Täufers Johannes zu integrieren, dessen Geburtstag auf den 23. Juni fällt. Beeren, Kraut und Käfer tragen seinen Namen; sie reifen, blühen und schwärmen zu dieser Zeit.

Möge auch gegen Ende des Monats, um den 27. Juni, die Sonne vom blauen Himmel scheinen, denn dann ist Siebenschläfer: »Regnet's am Siebenschläfertag, der Regen sieben Wochen nicht weichen mag« verheißt nur eine der zahlreichen Bauernregeln zu diesem Datum.

Hoffen wir also, dass das Gegenteil der Fall sein wird, denn »Scheint am Siebenschläfer Sonne, gibt es sieben Wochen Wonne«.

Auf einen schönen Juni und einen langen, warmen Sommer!

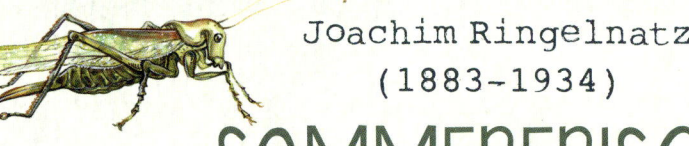

Joachim Ringelnatz
(1883~1934)

SOMMERFRISCHE

Zupf dir ein Wölkchen aus dem Wolkenweiß,
das durch den sonnigen Himmel schreitet.
Und schmücke den Hut, der dich begleitet,
mit einem grünen Reis.

Verstecke dich faul in der Fülle der Gräser.
Weil's wohltut, weil's frommt.
Und bist du ein Mundharmonikabläser
und hast eine bei dir, dann spiel, was dir kommt.

Und lass deine Melodien lenken
von dem freigegebenen Wolkengezupf.
Vergiss dich. Es soll dein Denken
nicht weiter reichen als ein Grashüpferhupf.

6. Juni

21 Grad, schönes Wetter mit kühlem Wind. Alles blüht:
Rittersporn, Frauenmantel, Fingerhut und besonders
prächtig die historischen Rosen. Der Wildrosenstrauch, den
ich im Frühjahr eigentlich zurückschneiden wollte, weil er
die Stauden darunter mit seinen herabhängenden Zweigen
bedrängte, war nun über und über mit weißen Blüten bedeckt.
Eine Freude – nicht nur für Hummeln und Bienen.
Jetzt ist er schon fast verblüht, aber überall zeigen sich
kleine, grüne Hagebutten.
Er wird Ende August noch einmal ein wunderschöner
Anblick sein!

VOM ZAUBER DER PÄONIE

Als der griechische Arzt Paion seinem Lehrer Asklepios, Gott der Heilkunst und des Apollon Sohn, zuvorkam und auf Bitten des Zeus den verwundeten Kriegsgott Ares von einer Pfeilwunde unter Aufbietung seines ganzen Könnens erfolgreich heilte, wurde Asklepios auf seinen begabten Schüler so eifersüchtig, dass er ihn tötete.

Ares jedoch verlieh dem Paion aus Dankbarkeit für seine Heilung Unsterblichkeit, indem er ihn in eine traumhaft schöne Blume verwandelte: die Päonie.

Päonien gönnen uns ihre einmalige Pracht im Garten nur für eine kurze Zeit des Jahres. Sie blüht rund um das Pfingstfest für zwei bis vier Wochen, was der Pflanze hierzulande zu ihrem weiteren, volkstümlich gebräuchlichen Namen verholfen hat: »Pfingstrose«.

Seit der Antike fanden ihre Blüten, Samen und Wurzeln in der Heilkunde Verwendung. Staudenpäonien erscheinen in Europa bereits in den Pflanzenverzeichnissen mittelalterlicher Klostergärten. Der englische Gelehrte und spätere Abt der Augustinerabtei von Cirencester, Alexander Neckam, erwähnt um 1190 in seinem naturhistorischen Werk »De naturis rerum« die Päonie im Kanon der für einen »edlen Garten« unverzichtbaren Pflanzen wie Rosen, Lilien, Sonnenblumen, Veilchen, Alraunen, Fenchel und Koriander. Die mittelalterliche Kunst zeigt die Pfingstrose, die »Rose ohne Dornen«, als Marienblume, wie in Martin Schongauers Colmarer Altarbild »Maria im Rosenhag«. 1503 schuf Albrecht Dürer ein bestechend naturgetreues Porträt einer *Paeonia officinalis*.

Im China und Japan der Kaiserzeit erlebt die Päonie ihren legendären Aufstieg von der Nutzpflanze der traditionellen Medizin zur kaiserlichen Blume ohne Makel, die sich in den Gärten des Hochadels und der höheren Gesellschaftsschichten als Attribut eines

Päonie
Paeonia ›Louis van Houtte‹
(Calot Frankreich 1867)

kultivierten und exquisiten Geschmacks etablierte. Sie galt in beiden asiatischen Ländern als Glücks- und Liebessymbol sowie als Zeichen für Wohlstand und hielt, entsprechend ihrer fast kultischen Verehrung als beliebtes Darstellungsobjekt, Einzug in Kunst und Kunsthandwerk.

Es finden sich elegante Abbildungen auf Rollbildern, Porzellan, Seidenstoffen und Kimonos, in kostbaren Holzschnitzereien, Lack- und Steinmetzarbeiten. Im festen Kanon der Glückssymbolik wurde die Päonie in bestimmten Kombinationen dargestellt: mit Phönix, Pfau, Fasan, Hahn und Löwe, Nachtigallen und Schmetterlingen.

Im 18. Jahrhundert begaben sich Pflanzenjäger aus England und Frankreich auf die Suche nach den legendären Baumpäonien, deren Ruf ihrer sagenhaften Schönheit durch Kaufleute und Missionare bis nach Europa gedrungen war. Die zeitgenössischen Schilderungen von europäischen Botanikern, die sich zum ersten Mal der *Paeonia Moutan* gegenübersehen, der Chinesischen Baumpäonie, sind eindrucksvoll und bezeugen, wie atemberaubend der erste Anblick der bisher unbekannten Pflanze mit den riesigen, süß duftenden und an einem Strauch prangenden Blüten gewesen sein muss.

Sir Joseph Banks, berühmter Botaniker und Direktor der Royal Society, konnte veranlassen, dass 1789 die erste Chinesische Baumpäonie in den Königlichen Botanischen Gärten von Kew gepflanzt werden konnte, ein zweieinhalb Meter hohes Exemplar mit großen magentafarbenen gefüllten Blüten. Nach und nach hielten die delikaten Schönheiten der artenreichen Gattung Einzug in die Gärten und Gewächshäuser der vornehmen Welt. Ihre Farbpalette reicht von Reinweiß über pastellige Creme-, Gelb-, Lachs- und Rosatöne bis zu tiefem Purpur.

Im heimischen Garten besticht die süß duftende Pfingst- oder auch Bauernrose durch einen etwas rustikaleren, aber keinesfalls geringeren Charme. Sie gedeiht, sowohl an sonnigen Plätzen wie auch im Halbschatten, jahrelang am gleichen Standort.

John Keats (1795–1821)
Aus: »Ode auf die Melancholie«
Doch wenn Melancholie vom Himmel fährt,
dann schöpf von Morgenrosen neuen Mut,
von Regenbogen, Dünen, Salz und Sand
und reichem, kugligem Päonienflor.

Wilhelm Busch
(1832–1908)

Von Fruchtomletts da mag berichten
ein Dichter aus den höhern Schichten.

Wir aber, ohne Neid nach oben,
mit bürgerlicher Zunge loben
uns Pfannekuchen und Salat.

UNVERZICHTBARE SOMMERFRISCHE – DER SALAT

Frische, knackige Salate kann man das ganze Jahr über im Garten haben. Salate brauchen Sonne und Feuchtigkeit, stellen aber keine großen Ansprüche an den Boden. Als Dünger genügen ihnen Kompost, Steinmehl und Pflanzenjauche.

Im Frühling beginnt man mit Kopf- und Pflücksalaten. **Pflücksalate** werden in Reihen ausgesät, sie bilden keine Köpfe. Ihre Blätter werden gepflückt oder geschnitten und wachsen mehrmals nach.

Für **Kopfsalat** braucht man nicht unbedingt ein eigenes Beet, man kann ihn als Lückenfüller überall zwischenpflanzen, auch unter Stangenbohnen. Es folgen die **Zichoriensalate**:
Chicorée, Radicchios und Endivien. Chicorée wird im Mai ausgesät, ebenso Radicchio; sie
gehören zu den winterharten Freilandsalaten. Im Spätherbst werden die äußeren Blätter
des Radicchios bis auf 5 cm abgeschnitten, damit der Salat die typischen Köpfe bildet.
Es können aber zwischendurch immer wieder äußere Blätter geerntet werden. Endivien,
der in frühen und späten Sorten vorkommt, kann von Mai bis Juli im Freiland
ausgesät werden. Die jungen Pflanzen sollten ziemlich eng gesetzt
werden, denn je dichter sie stehen, desto eher bleicht das Innere
aus und bekommt die hellgelbe Farbe.

Zuletzt folgt der **Feldsalat**, auch unter den
Namen »Rapunzel« oder »Nüssli« bekannt.
Er sollte in keinem Garten fehlen, da er sehr
reich an Vitamin C ist. Geerntet wird er
vom Herbst bis zum Frühling, bei Schnee
unter Folie oder Fichtenreisig.

10. Juni

Unter der Glyzinie an der Hauswand haben im Nistkasten
Blaumeisen gebrütet. Die Meiseneltern waren ständig unterwegs,
um ihre immer kräftiger piepsende Kinderschar satt zu bekommen.
Heute Morgen konnte ich beobachten, wie die kleinen Meisen ihre
Kinderstube verließen. Eine nach der anderen saß im Flugloch,
manche zögerten länger, andere schwirrten mutig in den
Silberahorn gegenüber. Ich habe gezählt; es waren fünf und
es kam noch ein Nachzügler. Er piepste aufgeregt, traute sich aber
nicht loszufliegen und verschwand immer wieder im Kasten.
Aber dann – schwirrrr! – flog er den anderen hinterher.

SEGENSREICHER HOLUNDER

»Rinde, Beere, Blatt und Blüte, jeder Teil ist Kraft und Güte, jeder segensvoll.« Kaum eine Pflanze bietet von der Wurzel bis zur Krone eine derart umfängliche Anwendbarkeit – sei es in der Heil- oder der Kochkunst oder auch zum Färben –, was bereits in der Antike bekannt war, wie man aus Schriften des Hippokrates, des Dioscurides oder der »Naturalis historia« von Plinius dem Älteren weiß.

Auch die Germanen verehrten den Baum mit den stark duftenden, schirmartigen weißen Blütendolden und den tintenschwarzen Beeren als Sitz einer Muttergöttin, die sich in der Figur der Frau Holle erhalten hat. Im Volksglauben umranken viele Mythen und Sagen den Hollerbusch, und zahlreich sind auch die Namen, die man ihm gegeben hat.

Nahe an Haus und Stallungen gepflanzt, wohnen im »Husholder« die schützenden Hausgeister; wird er gefällt, droht unausweichlich Unglück. Denn trägt er einerseits wohlmeinende Mächte in sich, ist er auch ein Baum des Todes und der Toten, der »Eller« oder »Elderbaum« der Ahnen.

Hans Christian Andersen setzte ihm in seinem Märchen »Mutter Holunder« ein freundliches Denkmal, und uns versorgt er über den Sommer mit so köstlichen Rezepten wie Hollerküchlein, Holunderbowle oder -gelee.

Holunder
Sambucus nigra

Holunderküchle

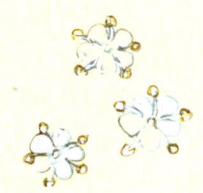

Zutaten für 6 Portionen:
200 g Mehl, 1 Prise Salz
¼ l Milch
2 Eier, getrennt
2 EL Zucker
1 Schuss helles Bier
Butterschmalz zum Ausbacken
12 frisch gepflückte Holunderblüten (so vom Strauch abschneiden,
dass ein Stiel zum Anfassen bleibt)
Puderzucker zum Bestäuben

Das Mehl mit der Prise Salz und der Milch zu einem glatten Teig rühren. Die Eier trennen: Die Eigelbe, den Zucker und das Bier gründlich untermischen. Eiweiß zu steifem Schnee schlagen und unter den Teig ziehen. Reichlich Butterschmalz in einem schweren Topf erhitzen. Zur Überprüfung der Temperatur einen Holzlöffelstiel ins heiße Fett tauchen. Sobald kleine Bläschen aufsteigen, ist das Fett heiß genug zum Frittieren. Die Holunderblütendolden jeweils am Stiel anfassen und in den Teig tauchen. Sofort mit dem Stiel nach oben in das heiße Fett legen und in etwa zwei Minuten schwimmend ausbacken. Herausnehmen und auf Küchenkrepp abtropfen lassen. Mit Puderzucker bestäuben und sofort servieren.

Achtung: die Holunderblüten müssen ganz frisch sein! Sobald sie beim Pflücken oder bei leichter Berührung abfallen, ist es schon zu spät für Hollerküchle.

Holundergelee

12 große Holunderblütendolden
1 l Apfelsaft
500 g Gelierzucker 2:1

12 große Holunderblüten vom Strauch schneiden und kurz kalt abspülen. Abtropfen lassen. Den Apfelsaft in eine Schüssel gießen und die Dolden mit den Blüten nach unten 24 Stunden in dem Saft ziehen lassen. Danach die Blüten herausnehmen und den Saft durch ein Sieb in einen entsprechend großen Topf gießen. Den Gelierzucker dazugeben und gut verrühren. Das Ganze zum Kochen bringen und 3 Minuten sprudelnd kochen lassen. Das Holundergelee heiß in saubere Marmeladengläser füllen und fest verschließen.

DIE ROSE – EHRE DER KÖNIGIN

Im Juni blühen im Garten die Rosen. Manche von ihnen werden uns ab jetzt mit ihren Blüten bis weit in den September begleiten und beglücken. Aber die Hauptzeit ihrer ganzen verschwenderischen Pracht und Herrlichkeit ist jetzt. Der unvergleichliche Anblick der apricotfarbenen englischen Kletterrose, die meterhoch in den alten Pflaumenbaum emporrankt! Aus luftiger Höhe überschüttet sie ihn mit ihren goldenen Blütenkaskaden. Der Buchsbaumgarten hinter dem Haus, wo zwei zartrosafarbene Rambler den Rosenbogen in das Tor zu Dornröschens Schloss verwandeln. Vor dem Dunkelgrün der Hecken leuchtet in würdigem Purpurot *Rosa gallica* ›Officinalis‹, die Urahnin und Apothekerrose mit ihrer über 2000-jährigen Geschichte. Daneben die muntere ›Versicolor‹ mit Blütenkugeln aus gestreiftem Plissee und *Rosa alba* ›Maxima‹ in jungfräulichem Weiß.

Auf dem sonnenbeschienenen Rasen wölbt sich der ausladende Strauch der ›Gloire de Dijon‹ über die Rankhilfen. Der Juniwind fährt in die blütenschweren Zweige. Es rauscht und ist, als bausche sich die rosenbedruckte Seide eines kostbaren Abendkleids. Sinnlich süße Düfte steigen empor; Bienen, Schmetterlinge und andere andächtige Gäste baden im elegantesten Parfüm des Sommers: Rosenduft.

Wohl keine andere Blume ist so berühmt und beliebt wie die Rose. Sie behauptet ihren Platz in der Kulturgeschichte der Menschheit seit den Tagen der frühen Hochzivilisationen. Rosen sollen die Terrassen der Hängenden Gärten der Semiramis berankt haben, eines der sieben Weltwunder, und vom legendären Zweitstromland aus beginnt die Königin der Blumen auch ihre lange, anhaltend glanzvolle Karriere in den Gärten der Menschen nahezu aller Gegenden der Erde. Im Orient waren es die Perser, die sie zuerst als ihre Lieblingsblume verehrten, in berühmten Gärten kultivierten und mit der schönen Blume und den aus ihr gewonnenen Produkten regen Handel betrieben.

ROSA CHINENSIS

So gelangte die Rose aus Kleinasien ins antike Griechenland, wo sie als Blume der Aphrodite Kultstätten und Feste schmückte. In der »Ilias« wird Homer die »rosenfingrige Eos«, die Göttin der Morgenröte, besingen, und lange zuvor findet sich das älteste Porträt einer Rose in einem Blumenfresko des minoischen Palastes zu Knossos. Der Aristotelesschüler Theophrastos von Eresos war der Erste, der die damals bekannten Arten in seinen botanischen Aufzeichnungen katalogisierte.

Von Hellas aus gelangte die Rose über Sizilien ins Römische Reich, um dort zu größtem Ruhm und Ehren zu gelangen. Der Venus und dem Bacchus geweiht, avancierte die Rose im antiken Rom zum sinnlichen Kultobjekt schlechthin. Die Römer bekränzten sich mit ihren Blüten und verstreuten diese in nie gesehener Üppigkeit auf ihren glanzvollen Feiern, Festgelagen und Triumphzügen zu Ehren der Kaiser. Man schlief »auf Rosen gebettet«, denn die Matratze der dekadenten Ruhestätte war mit Rosenblüten gefüllt und süß schmeckte der mit Rosen aromatisierte Wein. Für die Fülle dieser Anlässe war ein großflächiger Anbau in den Provinzen notwendig, die Kultivierung der Rosen wurde in systematischen Aufzeichnungen über Arten, Schnitt und Veredelung festgehalten.

Basierend auf einer antiken Legende, in welcher Harpocrates, der Gott der Verschwiegenheit, mit einer Rose um die Geheimhaltung über die Amouren der Venus gebeten wird, galt sie den Römern auch als Blume der Diskretion. Unter ihrem Zeichen, »sub rosa«, wurden an so gekennzeichneten Orten Gespräche geführt, die nicht für alle Ohren bestimmt waren.

Diese Symbolik findet sich noch in mittelalterlichen Kirchen wieder: Eine geschnitzte Rose weist den Beichtstuhl als Ort der sicheren Vertraulichkeit aus. Dem frühen Christentum hingegen war die Rose als Blume heidnischer Lustbarkeiten suspekt erst das Mittelalter brachte die Rückbesinnung auf ihre Qualitäten, wobei Rosen zunächst als reine Heilpflanzen in die Klostergärten der Benediktinerabteien zurückkehrten.

ROSA
GALLICA ›OFFICINALIS‹

Aus der Beengtheit des ritterlichen Burggärtleins, eines intimen »hortus conclusus« der Minnekultur, steigt die nun modisch gewordene Rose schließlich zum bedeutenden Symbol der christlichen Ikonografie auf. Rote Rosen und Dornen verweisen auf die Passion Christi, die weiße Rose versinnbildlicht die Reinheit und Jungfräulichkeit Marias. Man stellt die Madonna mit dem Jesuskind im Rosenhag dar, »es ist ein Ros entsprungen« aus der Wurzel Jesse, dem Lebensbaum des Hauses David. Die riesigen Rosetten der Glasfenster dominieren die Portale der gothischen Kathedralen, und die Gläubigen beten den Rosenkranz.

Auf der Iberischen Halbinsel blühen die Rosen in den märchenhaften arabischen Gärten von Córdoba, der Alhambra und des Alcázar zu Sevilla. Das wichtigste Werk der mittelalterlichen französischen Versdichtung ist der im 13. Jahrhundert verfasste »Roman de la Rose«, in dem sich der Held in einem allegorischen Traum in eine Rose verliebt. In Mitteleuropa ist Frankreich auch das nächste Land, in dem Rosen eine besondere Rolle spielen werden, vor allem die eben erwähnte *Rosa gallica* ›Officinalis‹. Deren Blütenblätter bewahren auch im getrockneten Zustand ihren exquisiten Duft. Rund um die Apothekerrose, so genannt, weil die raffinierten, mit ihren Blüten kreierten Produkte nur in Apotheken verkauft werden durften, entsteht bereits zu Beginn des 14. Jahrhunderts ein florierendes Gewerbe.

Rosen halten Einzug in die höfische Heraldik; unter dem Zeichen der roten Lancaster-Rose und der weißen Rose des Hauses York streiten im England des 15. Jahrhunderts die rivalisierenden Parteien um den Thronanspruch. Die Renaissance wird durch die Wiedergeburt der Antike die endgültige Rückkehr der Rose als schönste Zierde in die zeitgenössischen Gärten zeitigen, ein Ehrenplatz, den sie ab da für immer beanspruchen darf. In diese Epoche fällt die Wiederentdeckung der Centifolien mit ihren dicht gefüllten, hundertfach ineinandergefalteten Blütenrosetten und der schon im Römischen Reich kultivierten Damaszenerrosen.

In den formalen Gartenanlagen des barocken Frankreichs blühen die Rosen innerhalb der strengen Geometrie der höfischen Parterres. Mit dem englischen Landschaftsgarten des 18. Jahrhunderts lockert sich diese Auffassung und wandelt den Geschmack der Zeit: Die Ursprünglichkeit der zu einem Garten Eden veredelten Natur wird nun idealisiert und gärtnerisch nachempfunden. Rosen fehlen darin nicht und erscheinen üppig und ungezähmt in pastoraler Idylle.

Britische Pflanzenjäger und Kaufleute der East India Company importierten um 1750 erstmals neue Rosenarten aus China, dem fernöstlichen Weltreich, das auf eine ähnlich lange Gartenrosentradition wie der Vordere Orient zurückblickt. Schon Konfuzius berichtet von den Rosen der kaiserlichen Gärten in Peking. Diese exotischen Sorten, darunter die nach dem chinesischen Nationalgetränk duftenden Teerosen, brachten der Rosenzucht der westlichen Hemisphäre eine neue aparte Farbpalette von Elfenbein- bis zu zarten Pfirsichtönen, aber vor allem die anhaltende Blüte von Juni bis September. Die durch Kreuzung mit den meist nur einmalig blühenden europäischen Arten erzielten neuen Rosenklassen erweiterten den bisherigen Bestand entscheidend.

Maßgebliche Förderin dieser Entwicklung und enthusiastische Rosenliebhaberin war die französische Kaiserin Josephine, Gattin Napoleon Bonapartes, die zu Beginn des 19. Jahrhunderts auf ihrem Schloss Malmaison bei Paris einen der schönsten zeitgenössischen Rosengärten mit zugehöriger Sammlung anlegen ließ, der größten der Epoche. Der berühmteste aller Rosenporträtisten, Pierre-Joseph Redouté, schuf in Josephines Auftrag seine einmaligen Aquarelle der verschiedenen Sorten; zum Andenken an die Kaiserin wurde 1843 eine der schönsten Neuzüchtungen ›Souvenir de la Malmaison‹ genannt, auch als Königin der Bourbonrosen bekannt.

Begeisterung und Ehrgeiz der Züchter ließen Tausende neue Arten entstehen, wie die Teehybriden oder Edelrosen, die älteste Klasse der modernen Rosen. Denn als »Alte Rosen« werden nach einer bis heute gültigen Katalogisierung des 19. Jahrhunderts jene Sorten bezeichnet, die es vor 1867 gab, dem Jahr, in welchem die erste Teehybride ›La France‹ gezüchtet wurde.

Theodor Storm (1817–1888)

DAS MACHT, ES HAT DIE NACHTIGALL
DIE GANZE NACHT GESUNGEN;
DA SIND VON IHREM SÜSSEN SCHALL,
DA SIND IN HALL UND WIDERHALL
DIE ROSEN AUFGESPRUNGEN.

2 Tassen getrocknete Rosenblütenblätter von Duftrosen,
Knospen und kleine Blüten
1 Tasse getrocknete Lavendelblüten
25 g Zitronengras
20 g Rosmarinnadeln
einige kleine Lorbeerblätter
10 g Gewürznelken
2 Esslöffel Iriswurzelpulver aus der Apotheke
15 Tropfen Rosenöl aus dem Bioladen

Rosen-potpourri

In einer großen Schüssel alles gut miteinander vermischen. Danach in einen dicht schlie-
ßenden Behälter füllen und mindestens drei Wochen ziehen lassen. Ab und zu einmal
durchschütteln. Wenn das Potpourri fertig ist, in Schalen füllen und aufstellen. Sollte
es nach einiger Zeit seinen Duft verlieren, kann man es mit einigen Tropfen ätherischen
Duftöls wieder auffrischen.

Johann Wolfgang von Goethe
(1749–1832)
Aus: »Faust, Der Tragödie
zweiter Teil«

CHOR DER ENGEL, ROSEN STREUEND:

Rosen, ihr blendenden,
Balsam versendenden!
Flatternde, schwebende,
heimlich belebende,
zweigleinbeflügelte,
knospenentsiegelte,
eilet zu blühn!

William Shakespeare
(1564-1616)
Aus: »Ein Sommernachtstraum«

DER ELFENKÖNIG OBERON SPRICHT:

Was du wirst erwachend sehn,
wähl es dir zum Liebsten schön;
seinetwegen schmacht und stöhn,
sei es Brummbär, Kater, Luchs,
borst'ger Eber oder Fuchs;
was sich zeigt an diesem Platz,
wenn du aufwachst, wird dein Schatz,
sähst du gleich die ärgste Fratz!

GEHEIMNISVOLLER MITTSOMMER

Der Kult des Menschen um die Sonne ist in fast allen Kulturkreisen zu finden, nicht selten in Verbindung mit profunden astronomischen Kenntnissen, wie in den Hochkulturen der Ägypter und Maya. Der mit dem Lauf der Erde um die Sonne verbundene Wechsel der Jahreszeiten teilte den frühen landwirtschaftlichen Gemeinschaften die jährlich wiederkehrenden Termine und Aufgaben zu. Lange vor einer kalendarischen Einteilung wusste man, was zu welchem Zeitpunkt in Frühjahr, Sommer, Herbst und Winter zu tun war, damit die Erträge aus Ackerbau, Jagd und Viehzucht das Überleben sichern würden.

Durch diese tiefe existenzielle Abhängigkeit von der Entwicklung der Natur war es für die Menschen unabdingbar, sich ein grundlegendes Wissen um die natürlichen Phänomene ihrer Umgebung anzueignen. Erkennbar, aber nicht immer erklärbar, boten diese Anlass zu kultischer Verehrung, wurden Sonne, Mond, Blitz und Donner, Tier und Baum zu göttlichen Wesen und Erscheinungen in den Naturreligionen des Vorchristentums. Das damit verbundene Brauchtum hat sich teilweise erhalten, obwohl die christliche Kirche danach trachtete, die heidnischen Kulte zu unterdrücken – und wo dies nicht gelang, in ihrem Sinne umzudeuten. Das für Kelten, Germanen und Slawen bedeutsame Fest der Sommersonnenwende, der längste Tag des Jahres, an dem die Sonne ihren höchsten Stand erreicht hat, wurde von der Kirche mit dem Geburtstag Johannes des Täufers, eines ihrer wichtigsten Heiligen, besetzt. Nach dem alten julianischen Kalender fiel dieses christliche Hochfest auf den 24. Juni, wobei nach heutiger Zeitrechnung der astronomische Termin der Sonnenwende der 21. Juni ist.

In den skandinavischen Ländern und im Baltikum, in denen es um diese Zeit kaum dunkel wird, ist bis heute Mittsommer der nach Weihnachten wichtigste Termin auf dem jährlichen Festkalender. In Schweden tanzt man mit Freunden, Nachbarn und Familie um einen mit Laubkränzen geschmückten Baumstamm und singt traditionelle Lieder. Die Mädchen tragen Kränze im Haar und nicht selten weiße Kleider oder Tracht und sammeln in dieser magischen Nacht voller Trolle und Elfen sieben Kräuter, die sie unter ihr Kopfkissen legen. Nur wenn sie dabei absolut schweigsam bleiben, kann es sein, dass ihnen im Traum ihr zukünftiger Liebster begegnet. Ansonsten geht es am schwedischen Mittsommerfest alles andere als still, sondern fröhlich und ausgelassen zu. Es wird ausgiebig gegessen und getrunken. Nicht fehlen dürfen dabei die ersten geernteten Kartoffeln mit Hering und Sauerrahm und ebensowenig frische Erdbeeren. Und die Pracht des Sommers wird gefeiert, dessen beste Zeit erst bevorsteht.

»Er muss wachsen, ich aber muss abnehmen«, sagt Johannes der Täufer in der Bibel und meint damit das Kommen Jesu Christi, aber auch den eigenen Tod. Doch weist der Geburtstag des Täufers am 24. Juni in die verheißungsvolle Zukunft. Sechs Monate später wird in der Heiligen Nacht die Geburt des Erlösers gefeiert werden. Und am 25. Dezember die Wintersonnenwende – die kürzeste Nacht bricht an.

So findet sich in dem biblischen Gleichnis der seit vorchristlicher Zeit beobachtete Zyklus des Jahres wieder, erfährt das alte Wissen um Werden und Vergehen der Natur in der neuen Religion eine erweiterte Auslegung. Ohne durch sie verdrängt zu werden: Johanni ist auch ein sogenannter Lostag, ein in der volkstümlichen Überlieferung feststehendes Datum, das, wie beispielsweise der Siebenschläfertag, Voraussagen auf die kommenden Wetterverhältnisse zulässt, was für die anstehende Feldarbeit von großer Bedeutung war. Pflanzen und Tiere, aus deren Gedeihen man zu diesem Zeitpunkt seine Schlüsse ziehen konnte, tragen nun den Namen des Täufers. Zur Sommersonnenwende sind die Johannisbeeren reif, das Johanniskraut blüht und gleich leuchtenden Funken des Mittsommerfeuers schwärmt der Johanniskäfer in die warme Juninacht: das Glühwürmchen. Traditionell endet hier die Spargel- und Rhabarberzeit. Die Heuernte steht bevor, denn: »Wenn die Johanniswürmer glänzen, darfst du richten deine Sensen.«

Johanniskraut
Hypericum perforatum

DIE MAGISCHEN FEUERFUNKEN

In vielen Bilderbüchern des 19. Jahrhunderts schwirren putzige Käferchen durch verzauberte Wiesengründe. Der gute Mond bescheint die märchenhafte Szenerie mit seinem silbrigen Licht, und auch die Käferchen leuchten, denn sie tragen winzige Laternen vor sich her.

Die niedliche Darstellung für Kinder unterschlägt die faszinierende Eigenheit des echten Käfers, der keiner fremden Lichtquelle bedarf. Denn die große Familie der *Lampyridae* oder Leuchtkäfer, zu der auch unsere drei heimischen Arten gehören, leuchtet aus sich heraus. Diese Fähigkeit von Lebewesen, durch bestimmte chemische Prozesse innerhalb ihrer Zellen Leuchtstoffe zu erzeugen, wird als »Biolumineszenz« bezeichnet. Das damit verbundene Leuchten dient vor allem als Signal während der Partnersuche, aber auch zur Abschreckung von Fressfeinden. Wobei das strahlende Aussehen des Käfers ihm durchaus zum Verhängnis werden kann, wenn er damit Räuber herbeilockt, die sein Leuchten als Einladung zum Abendessen verstehen.

Es gibt über 2000 verschiedene Leuchtkäferarten, von denen die meisten in den Tropen vertreten sind. Bei dem einzigen in unseren Breiten vorkommenden Käfer, der gleichzeitig fliegen und leuchten kann, handelt es sich immer um das Männchen des Gemeinen Glühwürmchens *(Lamprohiza splendidula),* auch »Johanniswürmchen« genannt.

Weibliche Leuchtkäfer können nicht fliegen und leuchten am Boden, um von dort auf das Werben ihrer fliegenden Partner zu reagieren. Die Larven der Käfer leuchten wie die erwachsenen Tiere und ernähren sich in diesem Stadium hauptsächlich von Schnecken. Mit ihren Mundwerkzeugen durchbohren sie ihre Opfer und spritzen ihnen eine Flüssigkeit ein, die den Körper ihrer Beute zersetzt und so von den Larven eingesogen werden kann. Die nach der Verpuppung fertig entwickelten Tiere nehmen in der Regel keine Nahrung mehr auf, wenn sie sich in der Zeit des Schwärmens auf ihre Brautfahrt begeben.

Auch der Zoologe und Schriftsteller Alfred Brehm fand poetische Worte für die Eigenart eines Insekts, das, am Tage ein unscheinbarer brauner Käfer, insbesondere in den warmen Juninächten um Johanni einen derart glänzenden Auftritt hat.

Refrain aus der Operette »Lysistrata«
von Paul Lincke (1866–1946)

Glühwürmchen, Glühwürmchen flimmre, flimmre,
Glühwürmchen, Glühwürmchen, schimmre, schimmre …

Alfred Brehm (1829~1884)
Aus: »Brehms Thierleben. Allgemeine Kunde des Thierreichs«

Feuchte Gründe und andere durch Buschwerk beschattete
Örtlichkeiten in der Nähe von Wasser ernähren zahlreiche
Landschnecken und sind daher auch die wahren Brutstätten
der Johanniswürmchen. Hier werden an den warmen Sommer-
abenden Schauspiele aufgeführt, welche die Traumgebilde
vom Lande der Feen und Elfen weit hinter sich lassen.
Hunderte von Feuerfünkchen zittern durch die würzige
Luft, und wenn dem trunkenen Blicke dieses verlöscht,
so taucht ein anderes auf im lautlosen und doch feurigen
Tanze. Hier und da unten am feuchten Boden strahlt ein
zauberhaftes Phosphorlicht, Stengel und Blätter der
Gräser, das Moos und die Steinchen des Untergrundes scharf
beleuchtend, im schwächeren, immer schwächeren Licht-
nebel verschwimmend und der Dunkelheit der Nacht endlich
den Sieg einräumend; denn festgebannt ist es an einer
Stelle, welche es trotz seines Glanzes nicht zu erwärmen
vermag. Die irrenden Sterne sind die Männchen, die sie
überstrahlenden Fixsterne im Grase die Weibchen, das
Ganze ein wahrer Fackeltanz.

26. Juni

Gestern war eine herrliche Sommernacht mit einem unglaublichen Sternenhimmel. Wir haben im Garten zu Abend gegessen. Die Luft war so mild und duftete nach Rosen und Jasmin, die in diesem Jahr besonders reich blühen. Im Eichenwäldchen hinter dem Haus sang eine Drossel ihr abwechslungsreiches Lied. Wir konnten uns lange nicht entschließen, wieder ins Haus zu gehen.

Paul Verlaine
(1844–1896)

ZART GETÖNTES BILD

Gestaffelter Hecken Fluchten
hinwogen fern wie ein Meer,
aus hellem Nebelglanz her,
frischreife Beeren duften.

Die Mühlen, umgeben von Bäumen,
hauchzart im Wiesengrün stehn,
darauf wie Windeswehn
die Füllen sich tummeln und bäumen.

Umwiegt von des Sonntags Traum
sieht man in Weiten die vielen
schlohweißen Schafe spielen,
so sanft wie ihr wolliger Flaum.

Bald löst sich alles ganz leis
in Wellen, die wogen und schwingen.
Gleich Flöten die Glocken singen
im Himmel, wie Milch so weiß.

COSMEEN
Cosmos bipinnatus

JULI

Otto Ludwig (1813–1865)

Das Glück ist wie die Sonne.
Ein wenig Schatten muss sein,
wenn es dem Menschen wohl werden soll.

Gerste
Hordeum vulgare

Mit dem Juli zieht der Hochsommer ins Land. Entspricht er unseren Erwartungen, sollte es nun warm und trocken sein und für eine gute Weile auch so bleiben. Die Unwägbarkeiten von Siebenschläfer und Schafskälte liegen hinter uns. Stattdessen stellen die Hundstage von Mitte Juli bis Mitte August schönes Sommerwetter in Aussicht, nicht selten mit den heißesten Tagen des Jahres. Ihr Name kommt vom Sternbild des Großen Hundes, und bezeichnete in der Antike jene Zeitspanne, in der zunächst sein Hauptstern Sirius gemeinsam mit der Sonne am morgendlichen Himmel aufging, bis nach dreißig Tagen das vollständige Sternbild des *Canis Major* am Firmament erschienen war.

Im alten Ägypten kündigte der Aufstieg des Sirius, des hellsten Himmelsterns, in den ersten Julitagen die bevorstehende Nilschwemme an. Das klassische Rom sah sein Erscheinen schon später, in der letzten Dekade des Monats. Mit der weiteren Verschiebung der Erdachse über die Jahrhunderte rückte der Aufgang des »Hundssterns« zeitlich immer weiter nach hinten; in unseren Breiten zeigt er sich zuerst am 30. August. Trotzdem hat sich die terminliche Festlegung der Römer bis heute erhalten. Demnach dauern die »Hundstage« vom 23. Juli bis zum 23. August, ein Zeitraum, in dem Mitteleuropa nicht selten unter dem freundlichen meteorologischen Einfluss eines stabilen Hochs liegt. So verband sich im Volksmund mit den Hundstagen die Vorstellung einer Schönwetterperiode.

Von einem berühmten Römer hat auch der Juli seinen Namen. Waren zuvor Götter Namenspaten der Monate, ist es nun zum ersten Mal ein Mensch, der als Gott verehrte Imperator, der dem siebten Monat des Kalenders seinen Namen gibt: Julius Cäsar.

Der alte deutsche Name des Juli ist »Heumond« oder auch »Heuert« und zeigt an, was in dieser Zeit für die Bauern zu tun war: das Heumachen und Einbringen der Wiesenmahd.

Den Juli verbindet man mit wogenden Getreidefeldern, und es ist mehr als ein schöner Anblick, wenn die Sonne das Ockergelb der weiten Flächen vergoldet, denn »Ist der Juli kühl und nass, leere Scheuer, leeres Fass«.

Im Garten wächst und gedeiht das Gemüse und verlangt am Morgen vor der Mittagsglut nach etlichen Kannen Wasser. Es blühen Sonnenbraut und Malven, Ringelblumen, Löwenmäulchen, Levkojen und der Phlox. Wunderschön sind die dicht an dicht stehenden Sonnenhüte in allen Schattierungen von Rosa bis Violett. Dazwischen noch immer Taglilien und Rittersporn. Auch die Hortensien sind bald so weit. Die Johannisbeerernte steht kurz bevor: Die Sträucher tragen schwer an prächtigen roten und schwarzen Beerenrispen, und wie in jedem Jahr stellt sich wieder die Frage, ob die Vögel am Kirschbaum im Garten ein paar Kirschen übrig lassen werden. Im Juli haben die meisten jungen Vögel ihre Nester verlassen, und da man nun niemanden mehr stört, ist es Zeit, die Hecken zu schneiden.

Die Sommerlinde blüht! Wie jedes Jahr ein Fest für alle Sinne: Juli und Hochsommer ist es, wenn man daruntersteht. Man schließe die Augen und berausche sich am überwältigend süßen Duft der unzähligen Blütensterne. Und an dem Gesumm und Gebrumm Tausender nektarsammelnder Insekten, die den blühenden Baum wie einen Kontrabass erklingen lassen. Summ, summ, summ, Bienchen summ herum! Ein weiterer alter Name für den Juli lautet »Honigmond«.

8. Juli

Seit Siebenschläfer hält das warme Sommerwetter. Der Garten hätte nichts gegen einen erfrischenden Sommerregen zwischendurch. Ein bisschen sieht es nach Gewitter aus. Wir haben Wildkirschen gepflückt, viel zu viele für ein paar Flaschen Kirschlikör. Die Bäume hingen so voll, und wir konnten einfach nicht aufhören, unseren Korb zu füllen. Ich werde von dem üppigen Rest Marmelade kochen; eine mühselige Arbeit: wenig Fruchtfleisch und viele Kerne. Unsere Johannisbeersträucher tragen in diesem Jahr besonders gut. Es sieht so schön aus, wenn die Sonne durch die Blätter scheint und die roten Trauben aufleuchten.

Erdbeeren, sie lachen von fern mich schon an,
ich hab so recht meine Freude dran.
Sooft ich sie kostete, hab ich gedacht,
Gott hat sie wohl nur für die Engel gemacht.
So duftig, so schön von Farb und Gestalt,
die herrlichste Frucht im ganzen Wald!
O könnt ich sie pflücken
an jedem Ort,
ich würde mich bücken
in einem fort.

WILDE ERDBEEREN

Frische Erdbeeren gezuckert, Erdbeerkuchen mit Sahne, Erdbeersorbet und Erdbeer-
bowle – schon die simple Aufzählung all dieser sommerlichen Köstlichkeiten lässt die
Gedanken schweifen und man träumt sich dabei unweigerlich an einen gedeckten Tisch
im Garten, auf der Veranda, in der Laube.

Nun muss es wahrlich Ausflugswetter sein und die Erdbeere auf dem Dessertlöffel so
aromatisch, saftig und süß wie aus den Schlossgärten des französischen Hochadels, der
seit dem 14. Jahrhundert bis zum barocken Sonnenkönig die malerischen roten Früchte für besondere Gaumenfreuden der höfischen Küche kultivieren ließ. Doch leider hält
Fragaria, lateinisch »die Duftende«, heutzutage nicht immer, was ihr botanischer Name
so sinnlich verspricht. Es kann vorkommen, dass die verlockende Nachspeise nur als Augenschmaus Furore macht, weil der wässrig-fade Geschmack zu wünschen übrig lässt.

Die durch Kreuzungen im 18. Jahrhundert gezüchteten heutigen Gartenerdbeeren haben
eine wilde uralte Ahnin: *Fragaria vesca,* die Walderdbeere. Wie der Name sagt, fand sich
das zarte, malerische Pflänzchen vor seinem Einzug in die Gärten der Menschen vornehmlich in lichten Wäldern und an deren Rändern. Seine Früchte wurden bereits in der Stein-
zeit gesammelt. Zeitalter später, in der Antike, preist Ovid Walderdbeeren in seinen
»Metamorphosen« als Speise der Menschen des Goldenen Zeitalters: »Und zufrieden mit
den Speisen, die gewachsen waren, ohne dass jemand Zwang ausübte, sammelten sie Früchte

vom Hagapfelbaum, Erdbeeren vom Berge, Kornellkirschen, Brombeeren und Eicheln ...«

Im nicht immer gar so idyllischen Mittelalter stand die Walderdbeere in der Volksmedizin als Heilpflanze in hohem Ansehen; man kochte schmerzlindernde Tees und gewann Sud aus ihren Blättern, die, apart dreigeteilt am Stängel, auch in der zeitgenössischen christlichen Symbolik als Zeichen der Dreifaltigkeit einen würdigen Platz einnahmen. Die gleichzeitig blühende und fruchtende Pflanze versinnbildlichte überdies aufs Schönste die Jungfräulichkeit Marias; zu Füßen der Madonna sind Walderdbeeren in der mittelalterlichen Tafelmalerei nicht selten zu entdecken. Wie kostbare rote Rubine glänzen die kleinen runden Beeren am zierlich gebogenen Stängel, auch Blutstropfen des leidenden Christus wurden darin gesehen.

Mit der bevorzugten Zucht der großfruchtigen Gartenerdbeeren kehrte die Walderdbeere nicht in den Wald, sondern als reichtragende Monatserdbeere in den Garten zurück. Deren Beeren sind größer als die der ursprünglichen Art, die, auf einem Waldspaziergang am Wegesrande entdeckt, noch immer entzückt, vielleicht weil sie, anders als im Gartenbeet, erst im Verborgenen gesucht und gefunden werden muss. In der Literatur gerne auch von Liebespaaren, die sich, auf der Suche nach den verlockenden wilden Erdbeeren, im lauschigen Wald verlieren. Und in der Sinnlichkeit des Sommers.

Theodor Storm (1817–1888)
Aus: »Immensee«

IM WALDE

»Wo bleiben denn aber deine Erdbeeren?«, fragte sie endlich, indem sie stehen blieb und einen tiefen Atemzug tat. »Hier haben sie gestanden«, sagte er, »aber die Kröten sind uns zuvorgekommen, oder die Marder, oder vielleicht die Elfen.« »Ja«, sagte Elisabeth, »die Blätter stehen noch da; aber sprich hier nicht von Elfen. Komm nur, ich bin noch gar nicht müde; wir wollen weitersuchen.« Vor ihnen war ein kleiner Bach, jenseits wieder der Wald. Reinhard hob Elisabeth auf seine Arme und trug sie hinüber. Nach einer Weile traten sie aus dem schattigen Laube wieder in eine weite Lichtung hinaus. »Hier müssen Erdbeeren sein«, sagte das Mädchen, »es duftet so süß.«

15. Juli

Die Johannisbeerernte war sehr gut!
Ich habe sie zu Marmelade und Gelee
verarbeitet, eingefroren und eine Johannisbeertorte mit Baiserhaube
gebacken. Die Schwarzen Johannisbeeren sind noch nicht reif,
es gibt auch nicht so viele. Schade, meine »Fangemeinde« wartet
schon auf das Gelee von den »Schwarzen«. Die beiden Kirschbäume
im Garten hängen übervoll mit saftigen, dunkelroten Kirschen.
In diesem Jahr gibt es mal richtig viel zu pflücken, die Stare sind
ausgeblieben. Amseln, Drosseln und Eichhörnchen teilen gerecht
mit uns. Sie ernten hauptsächlich im oberen Teil der Bäume, an
den wir sowieso nicht mehr herankommen.

Mürbeteig:
250 g Weizenmehl
125 g Butter
100 g Zucker
2 Eigelb
abgeriebene Schale einer halben Zitrone
Belag:
2 Eiweiß
100 g Zucker
2 TL Stärkepulver
500 g entstielte, gewaschene, abgetropfte Rote Johannisbeeren

Schwäbischer Träubleskuchen

Das Mehl wird mit den übrigen Zutaten zu einem glatten Mürbeteig verknetet und anschließend eine halbe Stunde kalt gestellt. Dann wird der Teig ausgerollt und eine Springform damit ausgelegt. Der Tortenboden wird bei mittlerer Hitze in etwa 25 Minuten goldgelb gebacken.

Inzwischen wird das Eiweiß zu steifem Schnee geschlagen. Nach und nach Zucker und Stärkepulver hinzufügen und die Schaummasse noch weitere 5 Minuten schlagen. Die Johannisbeeren werden vorsichtig unter die Schaummasse gemischt.

Nun den Belag auf den Tortenboden geben und den Eischnee bei milder Hitze leicht gelb werden lassen.

Likör aus Schwarzen Johannisbeeren

1 kg reife Schwarze Johannisbeeren
125 g Himbeeren
2 Gewürznelken
2 l Cognac oder guter Weinbrand
500 g Zucker

Die Johannisbeeren waschen, von den Rispen streifen und etwas zerdrücken. In einen sauberen Steinguttopf geben. Die Himbeeren verlesen und dazugeben, ebenso die beiden Gewürznelken. Mit dem Alkohol übergießen. Alles gut durchrühren, den Topf mit Folie gut verschließen und bei Zimmertemperatur etwa zwei Monate ziehen lassen.

Nach dieser Zeit Zucker in einem Viertelliter Wasser kochen, bis er vollständig aufgelöst ist, und abkühlen lassen. Likör durch ein Mulltuch filtern und den Saft dabei unter leichtem Druck herauspressen. Die Zuckerlösung untermischen und den Likör in Flaschen füllen und fest verschließen. Nochmals drei Monate ziehen lassen.

Theophrastos von Eresos
Philosoph und Naturforscher (371–287 v. Chr.)
Aus: »Naturgeschichte der Gewächse«

DASS ABER JEDES GEWÄCHS SEINEN EIGENEN BODEN LIEBT
UND SEINE EIGENE LUFTMISCHUNG (...).
DENN ES GIBT MEHRERE GEWÄCHSE, DIE AN VERSCHIEDENEN
ORTEN ENTWEDER GAR NICHT FORTKOMMEN ODER,
WENN SIE GEPFLANZT WERDEN, NICHT FORTWACHSEN,
KEINE FRÜCHTE TRAGEN UND IM GANZEN SCHLECHT GERATEN.

Taglilie
Hemerocallis

Von Diven und Individualisten –

LIEBLINGSBLUMEN IM JULI

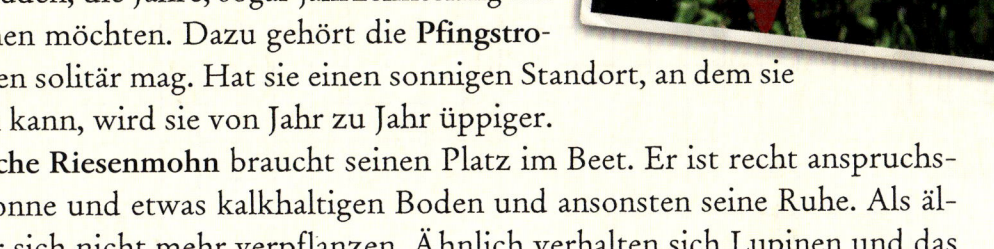

Wie bei vielen Gemüsepflanzen gibt es auch unter den Blumen einige mit ausgeprägten Eigenarten, die, wenn man Freude an ihnen haben möchte, durchaus beachtet werden sollten. Es gibt Stauden, die Jahre, sogar jahrzehntelang am gleichen Platz stehen möchten. Dazu gehört die **Pfingstrose**, die es am liebsten solitär mag. Hat sie einen sonnigen Standort, an dem sie ungestört wachsen kann, wird sie von Jahr zu Jahr üppiger.

Auch der **Türkische Riesenmohn** braucht seinen Platz im Beet. Er ist recht anspruchslos, möchte viel Sonne und etwas kalkhaltigen Boden und ansonsten seine Ruhe. Als ältere Staude lässt er sich nicht mehr verpflanzen. Ähnlich verhalten sich Lupinen und das Tränende Herz.

Taglilien sind ebenfalls standortgebunden. Werden sie umgesetzt, was manchmal unumgänglich ist, da sie sehr umfangreich werden können, brauchen sie Jahre, bis sie wieder so reich blühen wie vor der Verpflanzung.

Stockrosen werden zwischen Mai und Juni ausgesät, genau an der Stelle, an der sie demnächst wachsen sollen. Werden sie verpflanzt, leiden ihre langen Pfahlwurzeln; oft überstehen sie diese Prozedur nicht und gehen ein. Sie mögen es auch nicht, wenn sie zu dicht beieinanderstehen. 50 cm Abstand sind das Mindeste, sonst werden sie von Rost befallen, einer Krankheit, die bei ihnen ohnehin häufig vorkommt.

Der **Rittersporn** im Staudenbeet ist besonders heikel, was seine Verwandten in der nächsten Nachbarschaft betrifft. Er möchte allein stehen, mit einem Meter Mindestabstand zu seinen Geschwistern, und keinesfalls auf eine Stelle gesetzt werden, wo vor ihm seinesgleichen schon geblüht hat.

Rosen sind, was die Pflanzung angeht, noch empfindlicher und nehmen es übel, sollte vergessen worden sein, dass vor ihnen schon Rosen an derselben Stelle gestanden haben. Selbst bei einem tiefen Pflanzloch und neuer Erde kann es sein, dass sie nicht gedeihen.

Für **Staudenmargeriten** muss alle zwei bis drei Jahre ein neuer Platz im Garten gefunden werden, da sie, ebenso wie Petersilie und Erbsen im Gemüsebeet, mit sich selber unverträglich sind. Vergisst man es, sind sie verschwunden. Die Wiesenmargerite hält es im Übrigen auch nicht an der gleichen Stelle. Jedes Mal ist man erstaunt, wohin sie im Garten wieder gewandert ist.

MÄDESÜSS – DAS KRAUT DER KÖNIGIN

An Gräben, Bachufern und auf nährstoffreichen Feuchtwiesen wächst von Juni bis in den Juli das Mädesüß, eine alte Heil- und Aromapflanze, die zur Familie der Rosengewächse gehört.

Für die Herkunft des eigenwilligen Namens Mädesüß gibt es zwei interessante etymologische Erklärungen. Einerseits kann sich die Vorsilbe »Mäde« auf den germanischen Honigwein Met beziehen, von dem es heißt, dass er mit dem süßen Aroma des Krauts geschmacklich verfeinert wurde. Andererseits könnte sich »Mäde« von Mahd ableiten, dem Sensen der Wiesen, denn gesenst verströmen die welkenden Blüten und Stängel einen süßen Duft. Sinngemäß und im Klang ähnlich heißt die Pflanze auf Englisch *meadowsweet*, »süße Wiese«.

Das Mädesüß eignet sich zum Aromatisieren von Getränken und Süßspeisen. Lässt man die Blüten über Nacht darin ziehen, erhalten die Speisen eine aparte, leicht an Marzipan erinnernde Note.

Das Kraut hat in der Volksheilkunde eine lange Tradition. Es enthält Bestandteile, die es zu einem pflanzlichen Vorläufer chemisch hergestellter Schmerzmittel machen. Aus seinen Blüten und jungen Blättern kann man einen fiebersenkenden und schmerzlindernden Tee bereiten.

In England wird *meadowsweet* Duftpotpourries beigemischt. Schon Elisabeth I. liebte das zarte Aroma und ließ mit Mädesüß ihre Gemächer parfümieren.

18. Juli

Das Mädesüß blüht. Ich bin mit dem Fahrrad losgefahren, Gummistiefel und eine Jacke mit langen Ärmeln im Gepäck, um mir einen dicken Strauß zu pflücken. Es wächst an feuchten Gräben und Bachufern. So einfach ist es nicht mit der Ernte, überall hohe Brennnesseln und Brombeerranken, dazu sind die Hänge ziemlich abschüssig, man kann leicht in einen Graben rutschen. Aber ich bin ja gut ausgerüstet. Die zarten weißen Blüten des Mädesüß werde ich benutzen, um Gelee zu kochen. Dazu verwende ich das gleiche Rezept wie schon bei den Holunderblüten. Wenn man die Blüten und frischen jungen Blätter trocknet, kann man daraus auch einen wohlschmeckenden, fiebersenkenden Tee zubereiten.

22. Juli

Das letzte Amseljunge hat das Nest in der Kletterrose vor dem Haus verlassen. Jetzt hockt es in den unteren Zweigen. Es traut sich noch nicht so richtig zu fliegen und wird dort von den Eltern gefüttert. Wo stecken die Katzen? Die Vogeleltern werden bei Gefahr lauthals Alarm schlagen, und auch ich werde wachsam sein, bis sich das Kleine zum Fortfliegen entschließt.

Hoffmann von Fallersleben
(1798–1874)

DAS LIED DER VÖGEL

Wir Vögel haben's wahrlich gut,
wir fliegen, hüpfen, singen.
Wir singen frisch und wohlgemut,
dass Wald und Feld erklingen.

Wir sind gesund und sorgenfrei
und finden, was uns schmecket;
wohin wir fliegen, wos auch sei,
ist unser Tisch gedecket.

Ist unser Tagewerk vollbracht,
dann ziehn wir in die Bäume,
wir ruhen still und sanft die Nacht
und haben süße Träume.

Und weckt uns früh der Sonnenschein,
dann schwingen wir 's Gefieder,
wir fliegen in die Welt hinein
und singen unsre Lieder.

Hans Christian Andersen
(1805–1875)

DER GÄRTNER UND DIE HERRSCHAFT

Eine Meile Weges von der Hauptstadt entfernt stand ein alter Herrenhof mit dicken Mauern, Türmen und gezacktem Giebel. Hier wohnte, aber nur in der Sommerszeit, eine reiche, hochadlige Herrschaft; dieser Hof war der beste und schönste von all den Höfen, die sie besaß; er stand von außen da wie neugegossen und innen waren Behaglichkeit und Bequemlichkeit. Das Wappen des Geschlechts war über der Tür in Stein gehauen, herrliche Rosen schlangen sich um Wappen und Erker, ein ganzer Rasenteppich breitete sich vor dem Hofe aus; dort standen Rotdorn und Weißdorn, dort gab es seltene Blumen, selbst außerhalb des Treibhauses.

Die Herrschaft hatte aber auch einen tüchtigen Gärtner; es war eine Lust, den Blumengarten, Obst- und Gemüsegarten zu sehen. Daneben war noch ein Rest von dem ursprünglichen alten Garten des Hofes mit einigen Buchsbaumhecken, so beschnitten, dass sie Kronen und Pyramiden bildeten. Hinter diesen standen zwei mächtige alte Bäume; die waren fast immer kahl, und man konnte leicht glauben, dass ein Sturmwind oder eine Windhose sie mit großen Mistklumpen überstreut hätte, aber jeder Klumpen war ein Vogelnest.

Hier wohnte seit undenklichen Zeiten ein Gewimmel krächzender Raben und Krähen, es war ein ganzes Vogeldorf, und die Vögel waren die Herrschaft, Grundbesitzer, das älteste Geschlecht des Herrensitzes, die eigentliche Herrschaft des Hofes. Keiner der Menschen dort unten ging sie etwas an, aber sie duldeten diese niedrig gehenden Geschöpfe, trotzdem diese zuweilen mit Büchsen knallten, dass es den Vögeln im Rückgrat kitzelte und jeder Vogel dabei vor Schreck aufflog und »Rab! Rab!« schrie.

Der Gärtner sprach oft zu seiner Herrschaft davon, die alten Bäume fällen zu lassen, sie sähen nicht gut aus, und wenn sie fortkämen, würde man vermutlich von den schreienden Vögeln befreit, die sich woanders umtun müssten. Aber die Herrschaft wollte weder die Bäume noch das Vogelgewimmel los sein, es war etwas aus alter Zeit, und das sollte man nicht ganz und gar auslöschen. »Die Bäume sind nun einmal das Erbgut der Vögel, lass sie es behalten, mein guter Larsen!«

Der Gärtner hieß Larsen, aber das hat hier weiter nichts zu bedeuten.

»Haben Sie, lieber Larsen, nicht Wirkungsfeld genug? Den ganzen Blumengarten, die Treibhäuser, den Obst- und Gemüsegarten?« Die hatte er, die pflegte und wartete er, züchtete mit Eifer und Tüchtigkeit, und das wurde von der Herrschaft anerkannt, aber sie verschwieg ihm nicht, dass sie oft bei Fremden Früchte äße und Blumen sähe, die das, was sie in ihrem Garten hätte, überträfen, und das betrübte den Gärtner, denn er wollte das Beste und tat das Beste. Er war gut im Herzen und im Amte. Eines Tages ließ die Herrschaft ihn rufen und sagte in aller Güte und Herrschaftlichkeit, dass sie am Tage vorher bei vornehmen Freunden eine Sorte Äpfel und Birnen bekommen hätte, so saftig, so wohlschmeckend, dass sie und alle Gäste ihre Bewunderung ausgesprochen hätten. Die Früchte wären gewiss keine inländischen, aber sie müssten eingeführt und hier heimisch werden, wenn das Klima es zuließe. Man wusste, dass sie in der Stadt beim ersten Obsthändler gekauft waren, der Gärtner sollte hinreiten und herausbekommen, woher diese Äpfel und Birnen gekommen wären, und sie Pfropfreiser verschreiben lassen.

Der Gärtner kannte den Obsthändler gut, gerade er war es, an den er für die Herrschaft den Überfluss an Obst verkaufte, der im Herrschaftsgarten wuchs. Und der Gärtner zog zur Stadt und fragte den Obsthändler, woher er diese hochgepriesenen Äpfel und Birnen habe. »Die sind aus Ihrem eigenen Garten!«, sagte der Obsthändler und zeigte ihm Äpfel und Birnen, und der erkannte sie wieder. Ja, wie froh wurde da der Gärtner; er eilte zur Herrschaft und erzählte, dass die Äpfel und Birnen aus ihrem eigenen Garten seien. Das konnte die Herrschaft gar nicht glauben. »Das ist nicht möglich, Larsen! Können Sie eine schriftliche Bestätigung des Obsthändlers beschaffen?« Und das konnte er, er brachte ein schriftliches Attest. »Das ist doch merkwürdig!«, sagte die Herrschaft.

Nun kamen jeden Tag große Schalen mit diesen prächtigen Äpfeln und Birnen aus ihrem eigenen Garten auf den Herrschaftstisch; scheffel- und tonnenweise wurden diese Früchte an Freunde innerhalb und außerhalb der Stadt, ja selbst ins Ausland versandt. Es war ein reines Vergnügen! Doch mussten sie hinzufügen, dass es ja auch zwei besonders gute Sommer für Baumfrüchte gewesen seien, überall im Lande seien sie gut geraten.

Einige Zeit verging. Die Herrschaft speiste eines Mittags bei Hofe. Sie hatte bei der Tafel Melonen aus dem Treibhause der Majestäten bekommen, so saftig und wohlschmeckend. »Sie müssen zum Hofgärtner gehen, guter Larsen, und uns einige Kerne von diesen köstlichen Melonen beschaffen!« »Aber der Hofgärtner hat die Kerne von uns bekommen!«, sagte der Gärtner ganz vergnügt. »So hat der Mann die Früchte zu einer höheren Entwicklung zu bringen gewusst!«, antwortete die Herrschaft. »Jede Melone war ausgezeichnet!« »Ja, dann kann ich stolz sein!«, sagte der Gärtner. »Ich muss der gnädigen Herrschaft sagen, dass der Schlossgärtner in diesem Jahr kein Glück mit seinen Melonen gehabt hat, und als er sah, wie prächtig unsere standen, und sie kostete, da bestellte er drei von diesen hinauf ins Schloss!« »Larsen! Bilden Sie sich doch nicht ein, dass das Melonen aus unserem Garten waren!« »Ich glaube es!«, sagte der Gärtner, ging zum Schlossgärtner und bekam von ihm einen schriftlichen Beweis, dass die Melonen auf der königlichen Tafel vom Herrenhofe gekommen waren.

Das war eine Überraschung für die Herrschaft, und sie verschwieg die Geschichte nicht, sie zeigte das Attest vor, ja, es wurden Melonenkerne weit herumgesandt, ebenso wie früher die Pfropfreiser. Von diesen bekam man Nachrichten, dass sie anschlugen, ganz ausgezeichnete Früchte ansetzten und dass sie nach dem Gutshofe der Herrschaft benannt wurden, sodass der Name nun auf Englisch, Deutsch und Französisch zu lesen war. Das hätte man früher niemals gedacht!

»Wenn nur der Gärtner keine zu große Meinung von sich selbst bekommt!«, sagte die Herrschaft.

Er nahm es anders auf: Er wollte nun gerade danach streben, seinen Namen als einen der besten Gärtner des Landes zu behaupten und zu versuchen, jedes Jahr etwas Vorzügliches bei allen Gartengewächsen hervorzubringen, und das tat er auch; aber oft bekam er doch zu hören, dass die allerersten Früchte, die er gebracht hatte, die Äpfel und Birnen, eigentlich die besten gewesen seien, alle späteren Arten ständen weit darunter. Die Melonen seien freilich sehr gut gewesen, aber das war ja etwas ganz anderes. Die Erdbeeren könnten vortrefflich genannt werden, aber doch nicht besser als die, die andere Herrschaften hatten, und als die Rettiche in einem Jahr nicht gediehen, da wurde nur von den misslungenen Rettichen gesprochen und nicht von dem anderen Guten, das gebracht wurde. Es war fast, als fühle sich die Herrschaft erleichtert, wenn sie sagen konnte: »Dieses Jahr glückte es nicht, lieber Larsen!« Sie war ganz froh, wenn sie sagen konnte: »Dieses Jahr glückte es nicht!«

Ein paar Mal in der Woche brachte der Gärtner frische Blumen ins Zimmer, immer sehr geschmackvoll angeordnet; die Farben kamen durch die Zusammenstellung gleichsam in ein stärkeres Licht. »Sie haben Geschmack, Larsen!«, sagte die Herrschaft, »das ist eine Gabe, die Ihnen von Gott gegeben ist und die Sie nicht aus sich selbst haben!«

Eines Tages kam der Gärtner mit einer großen Kristallschale, in der ein Seerosenblatt lag; auf dieses war, mit dem langen, dicken Stiel im Wasser, eine strahlende blaue Blume gelegt, groß wie eine Sonnenblume. »Der Lotos von Hindostan!«, rief die Herrschaft aus. Eine solche Blüte hatten sie niemals gesehen; und sie wurde am Tage in den Sonnenschein und am Abend ins Lampenlicht gestellt. Jeder, der sie sah, fand sie besonders herrlich und selten, ja, das sagte selbst die vornehmste unter den jungen Damen des Landes, und sie war eine Prinzessin; klug und herzensgut war sie. Die Herrschaft sah es als eine Ehre an, ihr die Blüte zu überreichen, und sie kam mit der Prinzessin aufs Schloss hinauf.

Nun ging die Herrschaft in den Garten, um selbst eine Blume von dieser Art zu pflücken, wenn eine solche noch zu finden wäre, aber sie war nicht zu finden. So rief sie den Gärtner und fragte, woher er die blaue Lotosblüte habe. »Wir haben sie vergeblich gesucht!«, sagte sie. »Wir sind in den Treibhäusern und überall im Blumengarten gewesen!«

»Nein, dort ist sie freilich nicht!«, sagte der Gärtner. »Sie ist eine geringe Blume aus dem

Gemüsegarten! Aber nicht wahr, wie ist sie hübsch! Sie sieht aus, als wäre sie ein blauer Kaktus, und ist doch nur die Blüte einer Artischocke!«»Das hätten Sie uns gleich sagen sollen!«, sagte die Herrschaft. »Wir mussten glauben, dass es eine fremde, seltene Blume sei. Sie haben uns vor der Prinzessin bloßgestellt! Sie sah die Blume bei uns, fand sie so schön, kannte sie nicht, und sie ist doch ganz bewandert in der Botanik, aber diese Wissenschaft hat mit Küchenkräutern nicht zu tun! Wie konnte es Ihnen einfallen, guter Larsen, eine solche Blume ins Zimmer zu stellen? Das macht uns ja lächerlich!« Und die schöne blaue Prachtblume, die aus dem Gemüsegarten geholt worden war, wurde aus dem Herrschaftszimmer, in das sie nicht gehörte, hinausgesetzt, ja, die Herrschaft entschuldigte sich bei der Prinzessin und erzählte, dass die Blume nur ein Küchenkraut sei, das der Gärtner hingestellt habe, aber er habe dafür eine ernste Zurechtweisung erhalten. »Das ist schade und unrecht!«, sagte die Prinzessin. »Er hat ja unsere Augen für eine Prachtblume geöffnet, der wir gar keine Bedeutung schenkten, er hat uns die Schönheit gezeigt, wo wir sie nie gesucht hätten. Der Schlossgärtner soll mir jeden Tag, solange die Artischocken Blüten tragen, eine in mein Zimmer hinaufbringen!« Und das geschah.

Die Herrschaft ließ dem Gärtner sagen, dass er ihr wieder eine frische Artischockenblüte bringen könne. »Sie ist im Grunde genommen hübsch!«, sagten sie, »höchst merkwürdig!« Und der Gärtner bekam ein Lob. »Das hat Larsen gern!«, sagte die Herrschaft. »Er ist ein verwöhntes Kind!«

Im Herbst wütete ein entsetzlicher Sturm; er nahm in der Nacht noch zu, so gewaltig, dass viele große Bäume am Rande des Waldes mit der Wurzel ausgerissen wurden, und zum Kummer der Herrschaft – Kummer nannte sie es –, aber zur Freude des Gärtners, wurden die beiden großen Bäume mit all den Vogelnestern umgeblasen. Man hörte durch den Sturm das Schreien der Raben und Krähen; sie schlagen mit den Flügeln an die Scheiben, sagten die Leute auf dem Hof. »Nun sind Sie wohl froh!«, sagte die Herrschaft, »der Sturm hat die Bäume gefällt und die Vögel haben den Wald aufgesucht. Hier gibt es nichts mehr aus der alten Zeit zu sehen; jede Spur und jede Andeutung ist fort! Uns hat das betrübt!« Der Gärtner sagte nichts, aber er dachte nun an das, woran er schon lange gedacht hatte: den prächtigen Sonnenplatz so recht auszunutzen, über den er früher nicht verfügte; er sollte zum Schmuck des Gartens und zur Freude der Herrschaft werden. Die großen umgeblasenen Bäume hatten die uralten Buchsbaumhecken mit ihren ganzen Figuren zerdrückt und zerschlagen. Er pflanzte hier ein Dickicht von Gewächsen an, heimische Pflanzen aus Feld und Wald. Was kein anderer Gärtner in so reicher Fülle in den Herrschaftsgarten zu pflanzen gedacht hätte, das setzte er hier in den Boden, wie jede Pflanze es brauchte, und in Schatten und in Sonnenschein, wie jede Art es verlangte. Er pflegte es mit Liebe und es wuchs in Pracht.

Der Wacholderbusch aus der jütischen Heimat erhob sich in Form und Farbe wie Italiens Zypresse, der blanke, stachelige Christdorn, immergrün in Winterkälte und Sommersonne, stand dort herrlich anzusehen. Davor wuchsen Farnkräuter, viele verschiedene Arten, einige sahen aus, als wären sie Kinder der Palme, und andere, als wären sie die Eltern der feinen, schönen Pflanze, die wir Venushaar nennen. Hier stand die gering geachtete Klette, die in ihrer Frische so hübsch war, dass sie in einen Strauß gepasst hätte. Die Klette stand auf trockenem Boden, aber tiefer, auf feuchterem Grunde, wuchs der Ampfer, auch eine verachtete Pflanze und doch so malerisch in seiner Höhe und mit seinen mächtigen Blättern. Armhoch, Blüte an Blüte, wie ein mächtiger, vielarmiger Kandelaber, erhob sich die Königskerze, vom Felde hierher verpflanzt. Hier standen Waldmeister, Kuhblumen und Waldmaiglöckchen, die wilde Calla und der dreiblättrige feine Sauerklee. Es war herrlich anzusehen. Davor wuchsen, durch Drahtgitter gestützt, in Reihen ganz kleine Birnbäume aus französischer Erde; sie bekamen Sonne und gute Pflege und trugen bald große saftige Früchte wie in dem Lande, aus dem sie kamen. Anstelle der beiden alten blattlosen Bäume wurde eine hohe Fahnenstange errichtet, an welcher Danebrog wehte, und dicht dabei noch eine Stange, an welcher sich zur Sommers- und Herbsteszeit Hopfenranken mit ihren duftenden Blütenkugeln emporwanden, wo aber im Winter nach altem Brauche eine Hafergarbe aufgehängt wurde, damit die Vögel des Himmels in der frohen Weihnachtszeit ihre Mahlzeit halten konnten.

»Der gute Larsen wird in seinen alten Tagen sentimental!«, sagte die Herrschaft. »Aber er ist uns treu und ergeben!« Zu Neujahr erschien in einem der illustrierten Blätter der Hauptstadt ein Bild des alten Hofes; man sah die Fahnenstange und die Hafergarbe für die Vögel des Himmels zur frohen Weihnachtszeit, und es wurde besprochen und als ein hübscher Gedanke hervorgehoben, dass hier ein alter Brauch zu Recht und Ehre gebracht worden sei. »Für alles, was dieser Larsen tut, schlägt man die Trommel. Das ist ein glücklicher Mann! Wir müssen ja beinah stolz sein, dass wir ihn haben!«

Aber sie waren gar nicht stolz darauf! Sie fühlten sich nur als die Herrschaft, die Larsen kündigen konnte, aber das taten sie nicht, es waren gute Menschen, und von ihrer Art gibt es so viele gute Menschen, und das ist erfreulich für jeden Larsen.

Ja, das ist die Geschichte von »dem Gärtner und der Herrschaft«.

Nun kannst du darüber nachdenken!

28. Juli

Ich bin zum Bach gegangen, der ganz in der Nähe unseres Hauses gemächlich durch die Felder mäandert. An warmen Tagen ist es dort schön kühl unter den hohen Eichen. Der Bach ist auf beiden Seiten dicht bestanden mit Holunder- und Erlenbüschen, an den Rändern bewachsen mit hohen Gräsern, Schilf und gelb blühender Iris. Plötzlich schoss etwas pfeilschnell an mir vorbei. Es glänzte türkisblaufarben in der Sonne, flog dicht über dem Wasser und verschwand im Gebüsch am anderen Ufer. Ich war ganz aufgeregt – zum ersten Mal hatte ich einen Eisvogel gesehen.

Joseph von Eichendorff (1788–1857)
Aus: »Aus dem Leben eines Taugenichts«

DER FROHE WANDERSMANN

Wem Gott will rechte Gunst erweisen,
den schickt er in die weite Welt;
dem will er seine Wunder weisen
in Fels und Wald und Strom und Feld.

Die Trägen, die zu Hause liegen,
erquicket nicht das Morgenrot,
sie wissen nur vom Kinderwiegen,
von Sorgen, Last und Not um Brot.

Die Bächlein von den Bergen springen,
die Lerchen schwirren hoch vor Lust,
was sollt' ich nicht mit ihnen singen
aus voller Kehl' und frischer Brust?

Den lieben Gott lass ich nur walten:
der Bächlein, Lerchen, Wald und Feld
und Erd' und Himmel will erhalten,
hat auch mein' Sach' aufs Best' bestellt!

AUGUST

Theodor Storm
(1817–1888)

INSERAT

Die verehrlichen Jungen, welche heuer
meine Äpfel und Birnen zu stehlen gedenken,
ersuche ich höflichst, bei diesem Vergnügen
wo möglich insoweit sich zu beschränken,
dass sie daneben auf den Beeten
mir die Wurzeln und Erbsen nicht zertreten.

Auch der August trägt einen imperialen Namen.

Der römische Senat ehrte Cäsars Neffen und Nachfolger, den ersten römischen Kaiser, mit der Umbenennung des ursprünglich sechsten Monats des römischen Kalenders in Augustus. Die Regentschaft des Kaisers Augustus gilt als eine Ära großer kultureller und wirtschaftlicher Blüte für das Römische Reich, und diese Fülle passt auch gut zu dem Monat, der seitdem seinen Namen trägt.

War die Witterung in den Vormonaten günstig, können die Bauern und Gärtner nun auf eine reiche Ernte hoffen. Auf den Feldern wird das Getreide eingebracht, und von dieser Haupttätigkeit im dritten Sommermonat erzählen seine alten deutschen Namen wie »Ernting«, »Ähren-« oder »Erntemond«.

Im Gemüsegarten kommt der Gärtner im August auf seine Kosten. Die Bohnen haben Hochsaison, ebenso Zucchini, Gurken, verschiedene Salatsorten, Tomaten und Kohlrabi. Darüber hinaus stehen Gemüsearten zur Verfügung, die schon im Juni und Juli erntereif waren: Erbsen, Möhren, Radieschen, Zwiebeln und Kartoffeln. Auch frühe Augustäpfel, einige Birnensorten und Pflaumen können schon gepflückt werden – bald steht der erste Kuchen mit Obst aus dem eigenen Garten auf dem Kaffeetisch.

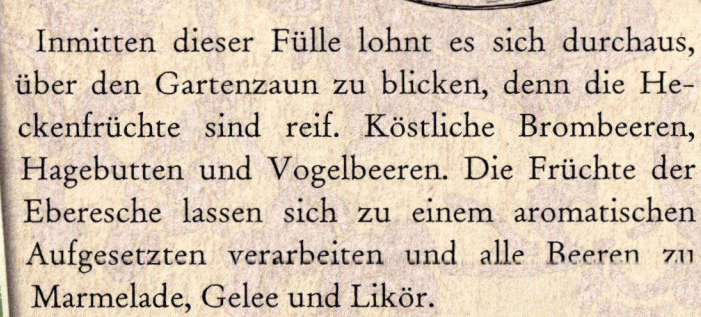

Inmitten dieser Fülle lohnt es sich durchaus, über den Gartenzaun zu blicken, denn die Heckenfrüchte sind reif. Köstliche Brombeeren, Hagebutten und Vogelbeeren. Die Früchte der Eberesche lassen sich zu einem aromatischen Aufgesetzten verarbeiten und alle Beeren zu Marmelade, Gelee und Likör.

BAUERNHORTENSIE
Hydrangea macrophylla

Hinter dem Haus blüht der »Sommerflieder« oder »Schmetterlingsstrauch«, dessen süßer Duft und Nektar unzählige Insekten anlockt und von ihnen geradezu belagert wird. Den botanischen Namen *Buddleja* gab ihm Carl von Linné, der damit den englischen Botaniker Adam Buddle (1662–1715) ehrte. Bienen und Hummeln sind tägliche Gäste, aber vor allem die bunten Falter wie Tagpfauenauge, Admiral und Kleiner Fuchs. Sie lieben auch die breiten Blütenschirme der Fetthenne in den Beeten darunter. Vom nahen Bach kommend, zischen Libellen mit Flügeln wie schimmerndes Glas durch den Garten. Dort leuchten überall die Sonnenfarben der späten Sommerblumen: Zinnien, Sonnenbraut, Sonnenauge und Sonnenblume, Rudbeckien, Astern und vor allem die wunderschönen Dahlien, klassische Bauerngartenblumen. Nicht zu vergessen die fleißige Kapuzinerkresse, die den ganzen Sommer über geblüht hat und deren feurige Blütenhelme nicht selten bis zum ersten Frost im Garten aufblitzen.

Entlang des Hauses stehen die Hortensien in voller Pracht; ihre pastellfarbenen Blütenkugeln sehen vor der alten Ziegelmauer sehr malerisch aus.

Ein erster Hauch von Herbst liegt in der Luft; das Abendlicht ist golden und die Schatten werden länger. In diesem Jahr huschen viele Fledermäuse durch die Dämmerung.

4. August

Im Gemüsegarten sind die ersten Stangenbohnen reif. Für eine Mahlzeit reicht es schon. Sie sehen zart und knackig aus. Die Stangen sind über und über berankt. Trotzdem habe ich in diesem Jahr das Gefühl, dass die Ernte nicht so ergiebig ausfallen könnte: viele Blätter und nicht so viele Blüten und Fruchtansätze. Vielleicht muss ich einmal eine andere Sorte ausprobieren: Ich hatte gerade über die »Berner Landfrau« gelesen, eine Bohnensorte, die reiche Ernte bringen soll.

Hoffmann von Fallersleben
(1798–1874)

MEIN LIEBES GÄRTCHEN

Der Sommer hat die Welt beglückt
und jedem eine Freude gebracht;
er hat mein liebes Gärtchen geschmückt
noch schöner, als ich je gedacht.
Mein liebes Gärtchen hinterm Haus,
wo ich so gern geh ein und aus.
Wie alles drin von Blumen prangt!
Wie alles drin von Früchten hangt!
Erdbeeren lächeln aus dunklem Grün
und daneben Rosen und Lilien blühn.

Doch hat uns auch keine Mühe verdrossen:
Wir haben gesäet, gepflanzt und begossen,
und fleißig gejätet mit eigner Hand
und die Wege bestreut mit frischem Sand.
Du liebes Gärtchen, für alle die Mühn,
da lassest du deine Blumen blühn
und süße Früchte reichst du uns auch
von manchem Baum und manchem Strauch.
Für all das Lieb' und Gut' empfang
nun unsern Dank in Sang und Klang!

DER SONNENBLUME GLEICH STEHT MEIN GEMÜTE OFFEN, SEHNEND, SICH DEHNEND, IN LIEBEN UND HOFFEN.

Sonnenblume
Helianthus annuus

Auf der Sonnenseite –
LIEBLINGSBLUMEN IM AUGUST

Im spätsommerlichen Garten herrscht eitel Sonnenschein, selbst wenn dicke Wolken am Himmel treiben. Dafür sorgen die großen und kleinen Sonnen, die in dieser Zeit in Goldgelb und Rostrot über den Beeten aufgehen, alles Blumen, die schon mit ihren klassischen Strahlenblüten der Sonne ihre formale Referenz zu erweisen scheinen. Auch dem Namen nach sind sie echte Kinder der Sonne: Sonnenbraut, Sonnenhut, Sonnenauge, und diese alle aus luftiger Höhe überragend, *Helianthus annuus,* die eigentliche Sonnenblume. Die größte der Gattung kann die stolze Wuchshöhe von bis zu 2,20 Meter erreichen und stellt damit alle anderen ihrer zahlreichen Verwandten im wahrsten Sinne des Wortes in den Schatten. Hoch oder niedrig wachsend, gefüllt und ungefüllt, stammen sie alle aus Mittel- und Nordamerika.

Sonnenblumen gehören einer *Asteroideae* genannten Unterfamilie der Korbblütler an und beeindrucken auch durch die charakteristische Innenarchitektur ihrer Blüten. Was gemeinhin für eine große Einzelblüte gehalten wird, ist tatsächlich ein kompliziertes Gebilde Hunderter in der Blütenscheibe vereinigter Röhrenblüten, um die sich am Rand die Zungenblüten strahlenartig gruppieren. Diese von Insekten befruchteten Röhrenblüten reifen bei der großen Sonnenblume *Helianthus* zu den ölreichen Kernen heran. Der indianischen Urbevölkerung Mittelamerikas diente sie bereits als Nutzpflanze und wurde angebaut. Überdies verehrten die Inka, die Söhne der Sonne, die eindrucksvolle Blume als Zeichen ihres Sonnengottes Inti.

Die spanischen Konquistadoren brachten erste Samen nach Europa, wo die Sonnenblume zunächst als Zierpflanze eingeführt und ihre Kerne später zum Backen und als Kaffee- oder Kakaobohnenersatz genutzt wurden. Erst das 19. Jahrhundert brachte ihre Entdeckung als wertvoller Öllieferant, was insbesondere in Osteuropa zu ihrem großflächigen Anbau führte. In Russland verbot die orthodoxe Kirche, während der Fastenzeit tierisches Fett zu sich zu nehmen, sodass Sonnenblumenöl als willkommener und nahrhafter Ersatz diente.

Eine besonders faszinierende Eigenart der Sonnenblume ist, dass sie sich nach dem Lauf der Sonne ausrichtet, was sie zu einer sogenannten Kompassblume macht. Am Morgen wenden sich die Strahlenblüten von *Helianthus* zum Sonnenaufgang gen Osten und verfolgen das Himmelslicht mit der Drehung ihrer Köpfe bis zum Untergang im Westen. In der Dämmerung oder des Nachts richten sich die Blumen dann wieder gen Osten aus. So ist der Anblick eines Sonnenblumenfeldes besonders beeindruckend, weil Hunderte dicht an dicht stehender kleiner Sonnen sich der großen Schwester am Himmel von Angesicht zu Angesicht zuwenden.

Ovid erzählt im vierten Buch der »Metamorphosen« vom traurigen Los des Mädchens Clythia, die sich unglücklich in den Sonnengott Sol verliebt. Von diesem verschmäht, verharrt sie aus unerwiderter Liebe Tag für Tag fastend und bewegungslos auf einem Felsen, um nur mit den Augen die Fahrt des Sonnenwagens am Himmel zu verfolgen. Zuletzt wird sie auf dem Stein Wurzeln schlagen und zur Blume: »Krönt ihr die Blume das Haupt; obgleich an der Wurzel befestigt, dreht sie nach Sol sich herum und behält, auch verwandelt, die Liebe.« So der römische Dichter. Obwohl diese auf sie passende poetische Beschreibung mit der Sonnenblume in Verbindung gebracht wurde, muss es sich um eine andere Pflanze gehandelt haben, in die sich die unglückliche Clythia verwandelt hat. Denn die aus der Neuen Welt stammenden Sonnenblumen sind ja erst lange nach der Antike in Europa angekommen.

LIEBLINGSBLUMEN IM AUGUST

Die **Sonnenbraut**, botanisch *Helenium*, ist eine üppige Gartenstaude, die von Juli bis September in allen warmen Sonnenfarben blüht: von reinem Gelb, Orange-, Rot- und Kupfertönen bis zu tiefem Goldbraun und Mahagoni.

Die purpurfarbenen und auch weißen **Sonnenhüte** werden meistens unter ihrem botanischen Gattungsnamen *Echinacea* angeboten. *Echinos* bedeutet auf Altgriechisch »Seeigel«, und der bildliche Vergleich mit dem Meeresbewohner umschreibt recht anschaulich die für die Art charakteristischen, stachelig kugeligen Blütenkörbe. Deshalb lautet ein weiterer Name der Blume auch Igelkopf. Ein im Sommerwind sanft wogendes Blütenmeer von Echinaceen ist ein bezaubernder Anblick, an dem man sich kaum sattsehen kann.

Der **Gelbe Sonnenhut** ist auch unter seinem botanischen Namen *Rudbeckia* bekannt. Carl von Linné ehrte damit den schwedischen Wissenschaftler und Gelehrten Olof Rudbeck d. Ä., der für die Universität Uppsala 1655 den ersten botanischen Garten in Schweden angelegt hatte, der später unter Linnés Obhut, entsprechend seiner botanischen Forschungen, neu angelegt und nun nach ihm benannt wurde: Linné-Garten. Rudbeckien ähneln kleinen Sonnenblumen. Üppig blühend wachsen sie von Ende Juli bis in den Oktober auf sonnigen und halbschattigen Plätzen und eignen sich gut für Sommersträuße.

Der botanische Name des **Sonnenauges** ist *Heliopsis,* was sich aus den griechischen Worten für »Sonne«, *helios,* und *opsis* = ähnlich zusammensetzt. Die Ähnlichkeit mit der Sonne zeigt sich in den gelben Strahlenblüten der in achtzehn Arten vorkommenden Gattung. Am richtigen, vollsonnigen Standort kann das Sonnenauge eine Höhe von bis zu 1,30 m erreichen und sich im Garten wuchernd ausbreiten.

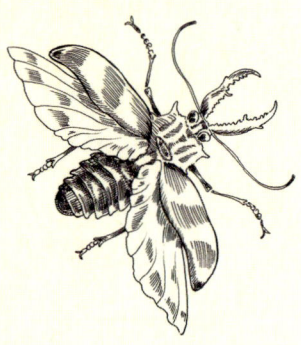

Sonnenbraut

Sonnenbraut

Rudbeckia

Echinacea

Rudbeckia

Sonnenauge

GARTENELFEN – SCHMETTERLINGE

Theodor Storm (1817–1888)
Aus: »Immensee«

Unter der Beihülfe meines Vaters, der ein leidlicher Ento-
mologe war, hatte ich vor einigen Jahren eine Schmetter-
lingssammlung angelegt und bisher mit Eifer fortgeführt.
Ich war nach Tische auf mein Zimmer gegangen und stand vor
dem einen Glaskasten, deren schon drei dort an der Wand hingen. Die Nachmittagssonne schimmerte so verlockend auf den
blauen Flügeln der Argusfalter, auf dem Sammetbraun des
Trauermantels; mich überkam die Lust, einmal wieder einen
Streifzug nach dem noch immer von mir vergebens gesuchten
Brombeerfalter zu unternehmen. Denn dieses schöne oliven-
braune Sommervögelchen, welches die stillen Waldwiesen
liebt und gern auf sonnigen Gesträuchen ruht, war in unserer baumlosen Gegend eine Seltenheit.

Goldene Acht
Auf der Unterseite der Hinterflügel ist
die an eine 8 erinnernde Zeichnung zu
sehen, die dem hellgelben Schmetterling
zu seinem einprägsamen Namen verholfen hat.

Admiral
Die Raupe des prächtigen Admirals lebt bis
zur Verpuppung in einem zusammengespon-
nenen Brennnesselblatt. Die frisch geschlüpf-
ten Falter der Spätsommergeneration lieben
reife Früchte und das Fallobst.

Sphinx ligustri

Zitronenfalter

Der Zitronenfalter ist von zarter Gestalt, aber widerstandsfähig: Er ist die einzige europäische Art, die ohne Unterschlupf im trockenen Laub überwintert. Im Frühjahr ist er der erste Schmetterling des Gartens.

Kleiner Fuchs

Dieser häufig vorkommende Gartenbesucher in leuchtendem Orangerot belagert die blühende *Buddleja* in Scharen und erfreut uns mit zwei bis drei Generationen bis in den Herbst.

Tagpfauenauge

Auch das schöne Tagpfauenauge liebt den Schmetterlingsstrauch und überwintert gerne an geschützten Orten wie einem Gartenhäuschen, auf Dachböden und in Kellern.

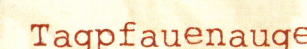

Kohlweißling

Seine gelbgrünen Raupen sind die Plage des Gemüsegartens und schaffen es in Massen, auch ganze Kohlfelder kahl zu fressen.

Kleiner Perlmutterfalter

Der apart gezeichnete Schmetterling liebt die Korbblüten der Distel und ist von Frühjahr bis in den späten Herbst in Garten, Feld und Wiese anzutreffen.

Himmelblauer Bläuling

Der hübsche Falter mit der himmlisch leuchtenden Flügelfarbe liebt den Nektar der Kleeblüte und kommt im Sommer in zwei Generationen vor, Mai/Juni und August/September.

Christian Morgenstern
(1871–1914)

DER HÜGEL

Wie wundersam ist doch ein Hügel,
der sich ans Herz der Sonne legt,
indes des Winds gehaltner Flügel
des Gipfels Gräser leicht bewegt.

Mit buntem Faltertanz durchwebt sich,
von wilden Bienen singt die Luft
und aus der warmen Erde hebt sich
ein süßer, hingegebner Duft.

LAURENTIUSTRÄNEN – DIE PERSEIDEN

Mitte August kann man bei klarem Wetter ein wunderbares Himmelsphänomen beobachten, die Perseiden, einen der eindrucksvollsten Sternschnuppenschwärme im Jahreslauf. Es ist ohnehin herrlich, sich auf dem Lande in einer samtweichen Spätsommernacht in den dunklen Garten zu begeben und staunend nach oben zu blicken, das kostbar bestirnte Himmelszelt über sich. In den Sträuchern des nächtlichen Gartens wispert es geheimnisvoll und Blütendüfte scheinen stärker als am Tag. Hoch droben teilt das Band der Milchstraße das Firmament, eine sanft schimmernde, märchenhafte Chaussee. Der Himmel ist beeindruckend fern und unendlich und gleichzeitig ganz nah.

Sommernächte. Hinter dem Haus steht eine ausladende Kiefer, in die wir als Kinder gerne geklettert sind. Nun ein Schattenriss vor dem Dunkelblau des Nachthimmels, prunkt über ihm, wie aus dem Bilderbuch, der Große Wagen. In der Nacht vom 11. auf den 12. August fällt aus dem Sternbild des Perseus ein dichter Meteorschauer, bis zu siebzig Sternschnuppen pro Stunde. Alle Nächte zwischen dem 8. und 14. August sind besonders sternschnuppenreich. Und weil der heilige Laurentius am 10. August 258 den Märtyrertod erlitt und sein Todes- und Namenstag mit dem alljährlich wiederkehrenden Himmelsschauspiel der Perseiden zusammentrifft, taufte der Volksmund die reichlich vom Himmel fallenden Sternschnuppen Laurentiustränen.

Joseph von Eichendorff
(1788~1857)

MONDNACHT

Es war, als hätt der Himmel
die Erde still geküsst,
dass sie im Blütenschimmer
von ihm nun träumen müsst.

Die Luft ging durch die Felder,
die Ähren wogten sacht,
es rauschten leis die Wälder,
so sternklar war die Nacht.

Und meine Seele spannte
weit ihre Flügel aus,
flog durch die stillen Lande,
als flöge sie nach Haus.

DIE VOGELBEERE – BAUM DER VÖGEL

Die Vogelbeere hält für zahlreiche gefiederte und vierbeinige Gäste einen so reich gedeckten Tisch bereit, dass der zweite gebräuchliche Name des malerischen Baumes leicht zu der Vermutung Anlass geben könnte, ausschließlich für ein bestimmtes Tier von besonderem Interesse zu sein. Doch führt dies in die Irre, denn die »Eberesche«, wie der Vogelbeerbaum auch genannt wird, lockt keineswegs vornehmlich männliche Borstentiere an, auch wenn die roten Früchte beim Schwarzwild durchaus beliebt sind. Einerseits wird mit dieser Bezeichnung des zu den Rosengewächsen gehörenden Baumes auf die Ähnlichkeit seiner Blätter mit dem gefiederten Laub der Eschen verwiesen, die als Ölbaumgewächse aber gar nicht mit ihm verwandt sind. Dementsprechend würde die Vorsilbe »Eber« der gleichen Wortwurzel wie »Aber« in Aberglaube entstammen und die Art somit sinngemäß als falsche Esche ausweisen. Allerdings sind die Meinungen hinsichtlich dieser etymologischen Erklärung geteilt. So könnte sich »Eber« auch aus dem keltischen Wort *eburos* für Eibe ableiten, dem Nadelbaum, der ebenfalls rote Beeren trägt. Botanisch heißt die Vogelbeere hingegen *Sorbus aucuparia,* Letzteres aus *avis,* lat. Vogel, und *capere* = fangen zusammengesetzt, da man die Beeren als Köder beim Vogelfang nutzte. Bis heute ist der Vogelbeerbaum für Amsel, Drossel, Rotkehlchen, Star, Grasmücke, Kleiber und Dompfaff eine wichtige Futterpflanze, um nur einige der über sechzig Vogelarten zu nennen, die sich von seinen Früchten ernähren. Für keinen anderen Baum trifft dies zu. Auch viele andere Bewohner in Wald und Feld wissen zu schätzen, was ihnen die falsche Esche über das Jahr zu bieten hat. Nicht nur an den leuchtend korallenroten Beeren, sondern auch an ihrem Laub und den jungen Trieben laben sich Rehe und Hirsche, Wildschweine, Dachse, Füchse, Eichhörnchen und viele Insektenarten.

Für die Menschen war der bis zu 15 Meter emporwachsende, auffallende, filigrane Baum bereits seit frühester Zeit von hoher mythologischer Bedeutung. Die Germanen weihten die Eberesche ihrem Donnergott Thor, den keltischen Druiden half sie bei der Abwehr von Unheil, sodass sie ihre heiligen Stätten mit Vogelbeeren umpflanzten. Im bäuerlichen Brauchtum schützten die Zweige der Eberesche das Vieh vor bösen Krankheiten, während die Volksmedizin um die Essbarkeit und Heilkraft der Früchte bei Atemwegs- und Magenproblemen wusste. In den traditionellen Überlieferungen findet sich nicht ein negativer Bedeutungszusammenhang: Nicht zuletzt wird es auch an dem farbenfrohen, erfreulichen Anblick liegen, den ein reich tragender Vogelbeerbaum gegen Ende des Sommers zu bieten hat, dass die Art mit Fruchtbarkeit, Schönheit, Kindersegen und weiteren Glücksverheißungen in Verbindung gebracht wurde. Wenn die Vogelbeere reich fruchtet, ist eine gute Getreideernte zu erwarten, aber auch ein strenger Winter, weiß die Bauernregel.

Die Früchte der Eberesche enthalten viel Vitamin C, haben aber auch aufgrund des hohen Anteils an nichtbekömmlichen Gerb- und Bitterstoffen im rohen Zustand einen unangenehmen sauren Geschmack, den sie, wie die Beeren der Schlehe, mit den ersten Nachtfrösten verlieren. Nun werden sie leicht süßlich und können zu Marmelade, Gelee, Kompott, Schnaps und Konfekt verarbeitet werden.

13. August
Überall leuchten die orangeroten Beerenbüschel der Ebereschen. Auch der Baum im Eingang zu unserem Garten ist über und über mit Früchten behangen. In diesem Jahr werde ich sie für Vogelbeer-Apfel-Gewürzgelee sammeln und um Beeren zu trocknen. Sie sollen, vermischt mit Kokosfett und Rindertalg, zu einem guten Winterfutter für die vielen Vögel in unserem Garten werden.

1 kg Vogelbeeren
1 kg Äpfel
1 unbehandelte Zitrone
8 Nelken
ca. 1 kg Gelierzucker 1:1

Gewürztes Vogelbeer-Apfel-Gelee

Die Vogelbeeren von den Dolden streifen, waschen und für eine Nacht ins Gefrierfach legen, sie verlieren dann ihren herb-bitteren Geschmack. Am nächsten Tag aus dem Gefrierfach nehmen und in einen großen Topf geben. Äpfel waschen, mit Kerngehäuse in Stücke schneiden und zu den Beeren geben. ¾ l Wasser zugießen. Die hauchdünn abgeschälte Zitronenschale und die Nelken hinzufügen. Zugedeckt zum Kochen bringen und so lange kochen, bis die Früchte weich sind. Auf einem Tuch über Nacht abtropfen lassen. Den abgelaufenen Saft abmessen, die gleiche Menge Gelierzucker zugeben, alles erhitzen und 4 Minuten sprudelnd kochen lassen. Das Gelee in saubere Gläser füllen und verschließen.

Charles-Ferdinand Ramuz
(1878-1947)

HITZE

Der Linde Schatten geht im Hof im Kreis.
Gleich einer Trommel tönt der Brunnen leis.

Ein Vogel aus dem Birnbaum schwirrt; die Wand
erglüht; und übers rot und braune Dach
steigt eines Feuers Rauch gemach
zum Himmel, der so blau, dass er sich dunkel spannt.

Kein Sterbenslaut her aus den Feldern dringt
und keinen auf dem Weg man sehen kann,
nur aus dem Hühnerstall noch dann und wann
der Hennen leises Gackern dringt.

Dann ist nur noch ein Baum da, hingeneigt,
der dicht und dunkel sich verzweigt,
mit seinem Schatten an der Seite,
wie unter Lasten hingebogen,
und jener andre lässt sich gleiten
vornüber, wie ein Schlafender,
der auf den Tisch gestützt die Ellenbogen.

BLAUER EISENHUT
Aconitum napellus

SEPTEMBER

Eduard Mörike
(1804–1875)

SEPTEMBERMORGEN

Im Nebel ruhet noch die Welt,
noch träumen Wald und Wiesen:
Bald siehst du, wenn der Schleier fällt,
den blauen Himmel unverstellt,
herbstkräftig die gedämpfte Welt
in warmem Golde fließen.

Es kann sein, dass der Sommer in den letzten ihm verbleibenden Tagen noch einmal seine ganze Pracht und Herrlichkeit vor uns ausbreitet. Eine in goldenes Septemberlicht getauchte Galavorstellung all dessen, was die schöne Jahreszeit zu bieten hat. Lange Tage voller Sonnenschein und Wärme, an denen man immerzu draußen sein möchte, auf einer Wiese mit duftenden Gräsern, im kühlen Wald, an einem blauen See und vor allem im Garten.

In einem Garten, der einem am Herzen liegt. In dem man im Mai gesät und gepflanzt, im Juni gejätet, im Juli gegossen und im August geerntet hat. Unterdessen haben immerzu die Blumen geblüht; manche den ganzen Sommer lang. Andere standen, gemäß ihrer Art, nur für eine bestimmte Zeit in Blüte; dann kamen die nächsten in anderen zarten oder leuchtenden Farben. Ein Reigen exquisiter Schönheiten, die sich in ihren Auftritten einander ablösten und das Bild des Gartens immer wieder veränderten.

Nun ist es September, und im Spätsommerglanz stehen zwischen den abgeblühten Stauden die bunten Dahlien, als gäbe es kein Ende; strahlen Sonnenhut und Sonnenblumen, als wollten sie die Sonne in den Garten herabholen. Vereinzelt blühen späte Rosen und erzählen von vergänglicher Schönheit. Noch immer rankt die muntere Kapuzinerkresse, in deren Blütenkelche sich letzte Hummeln und Wildbienen versenken. Es gibt Sommer, die das Versprechen ihres Datums niemals einlösen, und wenn Mai und Juni verregnet, der Juli zu kalt und der August nur durchwachsen waren, darf man immer noch auf den September hoffen. Und anschließend auf einen goldenen Herbst.

Der neunte Monat des Jahres war ursprünglich im römischen Kalender der siebente, nach lat. *septem* = sieben, aber alle Versuche, noch in römischer Zeit ihn umzutaufen, konnten sich nicht durchsetzen, und so blieb es bei »September«. Seine alten deutschen Namen erzählen von den Aufgaben, die zu dieser Zeit anstanden, und dem Abschied vom Sommer: »Holzing«, »Holzmond«, »Herbstmond« und »Scheiding«. Nun ist es Zeit, die Holzvorräte für die kalte Jahreszeit anzulegen; der Sommer vergeht.

Zum Zeitpunkt der Tag- und Nacht-Gleiche, am 22. oder 23. September, wenn die Sonne genau über dem Äquator steht und der Tag von Sonnenaufgang bis -untergang genauso lang ist wie die Nacht, ist astronomischer Herbstanfang. Der meteorologische Herbst beginnt bereits gut drei Wochen früher, mit allen in der Natur zu beobachtenden Anzeichen, und so liegt über dem Spätsommer eine gewisse melancholische Schönheit, denn die warme Jahreszeit verabschiedet sich, wenn auch mit Glanz. Es ist die Zeit, in der sich Spinnen an langen Fäden durch die Luft tragen lassen und ihre Netze am Morgen wie aus Perlschnüren gewoben sind, weil darin Tautropfen an Tautropfen glitzert. Denn nun ist Altweibersommer, wobei »weiben« ein Ausdruck für das Knüpfen von Spinnfäden war und »Alt« sich nicht etwa auf das Alter der Spinnerin bezog, sondern die späte Zeit des Jahres meinte.

Der September ist im Garten der Monat der Obsternte. Äpfel und Birnen, Pflaumen und Zwetschgen und die köstlichen Quitten sind reif. Ebenso die Walnüsse und schon etwas früher die Haselnüsse. Die schwarzen Holunderbeeren glänzen wie gelackt an den roten Dolden und warten darauf, vom Busch geschnitten zu werden. Auch könnte sich das Pilzesammeln lohnen. Man findet um diese Zeit Maronen- und Butterpilze, aber auch Parasole, und es gibt sogar eine geheime Stelle für Steinpilze, nicht weit entfernt.

In Wald und Flur ist es recht still geworden; die letzten Zugvögel sammeln sich und ziehen davon. Rings um unseren Garten sind die Felder abgeerntet. Früher loderten im September die Kartoffelfeuer, wenn das trockene Laub nach der Ernte verbrannt und Kartoffeln geröstet wurden, aber leider ist dieser romantische Anblick höchst selten geworden.

Was gibt es im Septembergarten noch zu tun? Die Blumenzwiebeln für das nächste Jahr müssen in die Erde; je früher, desto mehr Wurzeln treiben sie aus. Beim Pflanzen, die Spätsommersonne auf dem Rücken, denkt der Gärtner an die zu erwartende Blütenpracht von Schneeglöckchen, Krokussen, Tulpen, Hyazinthen und Narzissen, die mit jeder gesetzten Zwiebel im Frühling noch üppiger zu werden verspricht.

Und dann, wenn wieder alles grünt und blüht und die Tage wärmer werden, wird auch der Kuckuck zurückkehren. Unser Sommerbote.

Theodor Storm
(1817–1888)

EIN GRÜNES BLATT

Ein Blatt aus sommerlichen Tagen,
ich nahm es so im Wandern mit,
auf dass es einst mir möge sagen,
wie laut die Nachtigall geschlagen,
wie grün der Wald, den ich durchschritt.

Virginia Woolf (1882–1941)
Tagebucheintrag vom 28. September 1919

Unser Garten ist ein ganz und gar bunt gescheckter
Chintz: Astern, Zinnien, Nelkenwurz, Kapuzinerkresse
& so weiter: alle leuchtend, aus Buntpapier geschnitten,
steif, aufrecht, so wie Blumen sein müssen.

LOB DER KAPUZINERKRESSE

Man erlebt einen sinnlichen Moment für Augen und Ohren, eine kleine intime Studie des Sommers, wenn eine farbenfrohe Kapuzinerkresseblüte von einer Biene oder Hummel besucht wird. Die Honigsammlerin fliegt heran und landet zunächst auf den drei unteren der insgesamt fünf Kronblätter des filigranen Blütenkelchs. Dieser neigt sich anmutig unter dem Gast, der noch für einen kurzen Augenblick die türlose Schwelle zu dem geheimnisvollen Gang erkundet, der ins Innere führt. Dort wartet der begehrte Nektar. Nun verschwindet das Insekt in der Tiefe des spitzkegeligen Sporns, den die fünf miteinander verwachsenen Kelchblätter der Kresseblüte bilden. Im Resonanzkasten der zarten Blütenhülle wird das geschäftige Gesumm zu einem veritablen Brummen, bis Hummel oder Biene wieder rückwärts aus dem Honigschrein zurückkehrt. Schon verspricht die nächste leuchtende Blüte weiteres Labsal. Abflug. Der geräumte Blütenhelm steigt wieder sanft empor. Bald kommen neue Gäste.

Das Blütenfeuer der Kapuzinerkresse erlischt den ganzen Sommer lang nicht. Bis weit in den Herbst bildet die krautige Pflanze die typischen helmartigen Blüten aus, wenn auch vereinzelter, je weiter das Jahr fortschreitet. Mit dem ersten Frost ist es dann um sie geschehen: Die ursprünglich aus Mittel- und Südamerika stammende Pflanzenfamilie verträgt keine Minusgrade und gehört in unseren kälteren Regionen zu den einjährigen Gartenpflanzen. Mit der Aussaat sollte daher bis nach den Eisheiligen gewartet werden, desgleichen mit dem Setzen der vorgezogenen Pflänzchen. Kapuzinerkresse wächst in niedrigen Sorten buschig im Beet. Besonders apart ist sie als Kletterpflanze, deren ornamentales Rankengewirr Gartenzäune und Spaliere begrünt und mit ihren wunderbaren Blütengirlanden schmückt. Doch ob niedrig oder rankend, unverwechselbar ist die ungewöhnliche Blatt- und Blütenform der Pflanze, die ihr sowohl zu ihrem volkstümlichen als auch zu ihrem botanischen Namen verholfen hat. Diese Blüten erschienen den zeitgenössischen europäischen Betrachtern offenbar so spitz und auffällig wie die Kapuzen der

Mönchskutten jenes sich zu Anfang des 16. Jahrhunderts neu gründenden Bettelordens, der Kapuziner. So wurde die aus der Neuen Welt importierte exotische Blume mit dem scharfen Geschmack der Kresse zur »Kapuzinerkresse«.

Carl von Linné hingegen, der große schwedische Naturforscher, universalgelehrt und humanistisch gebildet, fühlte sich von der charakteristischen Morphologie der Pflanze – spitze Blüten, nahezu kreisrunde Blätter – wohl eher an die Antike erinnert. Denn auf griechischen und römischen Schlachtfeldern war es Sitte, nach erfolgreichem Kampf ein Symbol des Sieges zu errichten. Das griechische *tropaion* oder lateinische *tropaeum* präsentierte die an einer Stange aufgehängten Waffen, Helme und Schilder der besiegten Feinde als Zeichen des Triumphes und der Abschreckung. Gemäß dieser Betrachtungs- weise zieren auch die mönchische Kresse Blütenhelme und Blattschilde an einem Stängel. So erhielt sie den botanischen Namen *Tropaeolum*.

Die heilende Wirkung der Pflanze war in ihrem Herkunftsland der indianischen Be- völkerung lange vor Ankunft der spanischen Eroberer bekannt und von Nutzen. Ka- puzinerkresse ist reich an Vitamin C und enthält spezielle Anteile von Senföl, die für den scharfbitteren Geschmack ihrer Blätter und Früchte verantwortlich sind und ent- zündungshemmend wirken. Das pikante Aroma hat auch für eine lange Tradition in der Küche gesorgt: Die eingemachten Samen wurden als Kapernersatz verwendet; die Blätter und dekorativen Blüten sind bis heute delikate Zutat und Augenschmaus im sommer- lichen Salat. Nicht zuletzt dient die hübsche vielseitige Kapuzinerkresse im Gemüsebeet zur Abwehr von Schädlingen, die entweder ihre Nähe meiden oder aber suchen. Im letzteren Fall zieht *Tropaeolum* die Aufmerksamkeit auf sich und schützt so heldenhaft die nachbarlichen Nutzpflanzen.

5. September

Kapuzinerkresse, Dahlien, Cosmeen und Zinnien stehen immer noch in voller Blüte. Ein Farbenspiel in Rosarot und Gelbtönen, das ich besonders liebe. Ich habe sie in diesem Jahr in unseren sonnenbeschienenen Gemüsegar- ten zwischen Salatreihen und Kohl gesät oder gepflanzt. Die Blumen sind Schattenspender und lassen durch die verschiedenen Wuchshöhen den Garten üppiger erscheinen. Die ganze Zeit beobachte ich schon ein Eichhörnchen. Es sitzt auf dem Nistkasten in der Kiefer und mümmelt genüsslich an einem unserer kleinen, schon reifen Äpfel.

Wilhelm Busch
(1832–1908)

IM HERBST

DER SCHÖNE SOMMER GING VON HINNEN,
DER HERBST, DER REICHE, ZOG INS LAND.
NUN WEBEN ALL DIE GUTEN SPINNEN
SO MANCHES FEINE FESTGEWAND.
SIE WEBEN ZU DES TAGES FEIER
MIT KUNSTGEÜBTEM HINTERBEIN
GANZ ALLERLIEBSTE ELFENSCHLEIER
ALS SCHMUCK FÜR WIESE, FLUR UND HAIN.

JA, TAUSEND SILBERFÄDEN GEBEN
DEM WINDE SIE ZUM LEICHTEN SPIEL,
SIE ZIEHEN SANFT DAHIN UND SCHWEBEN
ANS UNBEWUSST BESTIMMTE ZIEL.

SIE ZIEHEN IN DAS WUNDERLÄNDCHEN,
WO LIEBE SCHEU IM ANBEGINN,
UND LEIS VERKNÜPFT EIN ZARTES BÄNDCHEN
DEN SCHÄFER MIT DER SCHÄFERIN.

15. September
Die dicken Dolden der Hortensien haben in diesem Jahr wunderschöne abgetönte Farben. Sie sind nicht so verblasst wie nach manchen heißen und trockenen Sommern. Ich werde viele Blüten abschneiden, dazu Blüten der Fetthenne und Efeuranken, und daraus Kränze binden. Einen für mich, die anderen werde ich verschenken.

Rainer Maria Rilke
(1875–1926)

BLAUE HORTENSIE

So wie das letzte Grün in Farbentiegeln
sind diese Blätter, trocken, stumpf und rau,
hinter den Blütendolden, die ein Blau
nicht auf sich tragen, nur von ferne spiegeln.

Sie spiegeln es verweint und ungenau,
als wollten sie es wiederum verlieren,
und wie in alten blauen Briefpapieren
ist Gelb in ihnen, Violett und Grau.

Verwaschenes wie an einer Kinderschürze,
Nichtmehrgetragenes, dem nichts mehr geschieht:
Wie fühlt man eines kleinen Lebens Kürze.

Doch plötzlich scheint das Blau sich zu verneuen
in einer von den Dolden, und man sieht
ein rührend Blaues sich vor Grünem freuen.

Bauernhortensie
Hydrangea macrophylla

DER NÄCHSTE FRÜHLING KOMMT BESTIMMT ...

Als allgemeine Regel bei der Pflanzung von Blumenzwiebeln gilt: doppelt so tief in den Boden, wie die Zwiebel dick ist. Die Pflanzzeit ist von Ende August bis November, die Zwiebeln sollten noch vor dem Frost genügend Zeit haben, um Wurzeln zu bilden.

Krokusse

Pflanzzeit: Herbst
Pflanztiefe: 5 – 10 cm
Abstand: 5 – 10 cm
Blütezeit:
von Februar – April
Haben sie den richtigen Standort, verwildern einige Sorten zu blühenden Teppichen.

Märzenbecher

Pflanzzeit: möglichst früh im Herbst
Pflanztiefe: 10 cm
Abstand: 10 cm
Wuchshöhe: 20 cm
Blütezeit:
von Februar – März

Zierlauch

Pflanzzeit: im Herbst
Pflanztiefe: 10 – 15 cm
Abstand: 10 – 40 cm
Wuchshöhe: je nach Sorte 20 – 150 cm
Blütezeit: Mai – Juni
Die Blütenkugeln lassen sich gut als Trockenblumen verwenden.

TULPEN

Pflanzzeit: im Herbst
Pflanztiefe: 10 – 15 cm
Abstand: 15 – 20 cm
Wuchshöhe: je nach Sorte 20 – 80 cm
Blütezeit: von März – Mai
Es gibt unzählige Züchtungen. Sie kamen vor 400 Jahren aus dem Vorderen Orient zu uns und lösten ein wahres Tulpenfieber aus.

Narzissen

Pflanzzeit: Herbst
Pflanztiefe: 15 – 20 cm
(kleinere Sorten nicht so tief pflanzen)
Abstand: 15 – 20 cm
Wuchshöhe: 30 – 60 cm
Blütezeit: von Februar – Mai
Narzissen gehören seit alter Zeit als liebliche Frühlingsboten in unsere Gärten. Ihre Zwiebeln werden von Wühlmäusen gemieden.

Zwiebelpflanzen wachsen und blühen in einer jedes Jahr wiederkehrenden Folge. Im Frühling erfreuen sie uns mit ihrer Blüte; danach vergilben ihre Blätter allmählich. Im Sommer ziehen sie sich in die Erde zurück. Man sollte nie aus Ordnungsliebe die Blätter abschneiden, die Pflanzen benötigen sie zur Nährstoffbildung. Erst wenn sie ganz verwelkt sind, können sie entfernt werden. Im Herbst oder vor ihrem Austrieb im Frühling sollten die Blumenzwiebeln gedüngt werden.

Traubenhyazinthen
Pflanzzeit: im Herbst
Pflanztiefe: 5 – 8 cm
Wuchshöhe: 15 – 20 cm
Blütezeit:
von April – Mai
Traubenhyazinthen vermehren sich schnell und sind eine gute Schnittblume für kleine Frühlingssträuße.

Schachbrettblume
Pflanzzeit: Ende August – Mitte September
Pflanztiefe: 8 – 10 cm
Wuchshöhe: 15 – 20 cm
Blütezeit: Mai
Bei geeignetem Standort verwildert sie auf Rasen- und Wiesenflächen. Seit dem 17. Jh. ist sie eine wegen ihrer filigranen Schönheit bewunderte Gartenblume.

Schneeglöckchen
Pflanzzeit: im Herbst
Pflanztiefe: 8 – 10 cm
Wuchshöhe: 15 – 20 cm
Blütezeit:
Februar – März

Schneeglöckchen vermehren sich schnell und eignen sich zum Verwildern.

Kaiserkrone
Pflanzzeit:
Ende August – Mitte September
Pflanztiefe: 15 – 20 cm
Wuchshöhe: 80 – 100 cm
Blütezeit: von April – Mai

Ihr Geruch vertreibt Wühlmäuse. Die Kaiserkrone ist oft auf niederländischen Stillleben zu sehen.

Hasenglöckchen
Pflanzzeit: im Herbst
Pflanztiefe: 5 – 8 cm
Wuchshöhe: 15 – 20 cm
Blütezeit: März/April bis in den Mai

Vermehren sich schnell wie Schneeglöckchen und verwildern rasch im Garten.

Ludwig Uhland
(1787–1862)

EINKEHR

Bei einem Wirte, wundermild;
da war ich jüngst zu Gaste;
ein goldner Apfel war sein Schild
an einem langen Aste.

Es war der gute Apfelbaum,
bei dem ich eingekehret;
mit süßer Kost und frischem Schaum
hat er mich wohl genähret.

Es kamen in sein grünes Haus
viel leichtbeschwingte Gäste;
sie sprangen frei und hielten Schmaus
und sangen auf das Beste.

Ich fand ein Bett zu süßer Ruh
auf weichen, grünen Matten;
der Wirt, er deckte selbst mich zu
mit seinem kühlen Schatten.

Nun fragt' ich nach der Schuldigkeit,
da schüttelt' er den Wipfel.
Gesegnet sei er allezeit
von der Wurzel bis zum Gipfel!

Zutaten:
350 g Weizenmehl
1 Prise Salz
175 g Butter
4 TL eisgekühltes Wasser
1 kg geschälte, blättrig geschnittene säuerliche Äpfel
1 TL Zimt
200 g Zucker
20 g Butter

Englischer Apple Pie

Das Mehl auf ein Backbrett sieben und das Salz sowie die möglichst weiche Butter hinzufügen. Den Teig mit einem Messer so lange schneiden, bis er in einzelne Teigklumpen zerfällt. Löffelweise das Wasser hinzufügen und den Teig so lange kneten, bis er geschmeidig ist und sich vom Backbrett löst. In zwei Hälften teilen. Auf einem bemehlten Backbrett so ausrollen, dass die beiden Teigplatten etwas größer als eine Pieform mit 25 cm Durchmesser sind. Die Form gut ausfetten und mit einem der ausgerollten Teigstücke bis zum Rand auslegen. Die mit Zucker und Zimt vermischten Äpfel einfüllen, Flöckchen aus 20 g Butter auf die Früchte setzen und die andere Teighälfte als Deckel darüberlegen. Die Teigränder zusammendrücken. Mit einem spitzen Messer den Teigdeckel in der Mitte kreuzweise einschneiden, damit der Dampf entweichen kann. Den Apple Pie bei leichter Hitze in 50–60 Minuten goldgelb backen und noch warm mit Vanillesauce oder leicht geschlagener Crème fraîche servieren. Zum kalten Pie schmeckt Schlagsahne ausgezeichnet.

26. September

Boskop und Ingrid Marie, beide Apfelbäume sind noch nicht ganz erntereif, hängen aber übervoll. Wenn die Sonne daraufscheint, leuchten die vielen rotwangigen Äpfel vor dem blauen Hintergrund des Himmels. Es wird eine Freude sein, sie zu ernten. Richtig gelagert, schmecken sie jedes Jahr bis weit nach Weihnachten. Ich werde viele verschiedene Apfelkuchenrezepte ausprobieren, Pies und Strudel backen, Apfelgelee kochen und Apfelringe trocknen. So viele Äpfel wie in diesem Jahr kann ich gar nicht verarbeiten. Wir werden ein paar Körbe voll zum Entsaften bringen und frisch gepressten Saft von den eigenen Äpfeln mit nach Hause nehmen.

Doch nicht nur die Äpfel versprechen süßen Genuss! Da sind noch die Zwetschgen und Pflaumen, die schwer an den Ästen hängen, und nicht zuletzt die wunderbaren, irgendwie herrlich altmodischen Quitten. Eine Schale mit den malerischen gelben Früchten im Zimmer sorgt tagelang für wunderbaren Duft …

Zwetschgenknödel

1 kg am Vortag gekochte und gepellte Kartoffeln
75 g Kartoffelmehl
75 g Grieß
1 Ei
1 gestrichener TL Salz
etwas geriebene Muskatnuss
500 g entsteinte Zwetschgen
Würfelzucker
50 g Butter
Semmelbrösel
Zucker und Zimt zum Bestreuen

Die gepellten Kartoffeln durch eine Kartoffelpresse drücken oder fein reiben und mit Kartoffelmehl, Grieß, Ei, Salz und geriebenem Muskat vermischen. Alles sehr gut durchkneten und aus dem Teig eine Rolle formen, die danach in gut fingerdicke Scheiben geschnitten wird. In je ein Stück Kartoffelteig eine mit einem Stück Würfelzucker gefüllte Zwetschge drücken und zu einem Knödel formen. Die Knödel in schwach köchelndem Wasser in etwa 10 Minuten gar ziehen lassen. Die Butter in einer Pfanne auslassen und die Semmelbrösel darin hellbraun rösten. Die abgetropften Knödel darin wenden und mit Zucker und Zimt bestreut servieren.

28. September

Bin mit dem Rad losgefahren, um Schlehen zu ernten. Eigentlich zu früh, man sollte damit bis nach dem ersten Frost warten. Aber da hier so wenig Schlehen wachsen – der Boden ist nicht kalkhaltig –, muss ich mich vordrängen mit der Ernte. Habe aber noch genug für andere Sammler übrig gelassen. Eine Nacht im Tiefkühlfach hat für die Beeren den gleichen Effekt wie nach dem ersten Frost – sie werden süß. Jetzt habe ich zwei Flaschen Schlehenlikör angesetzt.

1 ½ kg Quitten
¾ l Weißwein oder Apfelsaft
1 l Wasser
Gelierzucker 2:1

Quittengelee

Die Quitten mit einem Tuch gründlich abreiben, um den Flaum auf den Früchten zu entfernen. Dann die Quitten waschen und zerteilen, dabei Blüten und Stiele entfernen. Das Fruchtfleisch in Spalten schneiden. Quittenspalten mit dem Weißwein oder Apfelsaft und 1 l Wasser in einen Topf geben und 40 Minuten kochen lassen, bis die Quitten weich sind. Anschließend abkühlen lassen. Danach in ein mit einem Mulltuch ausgelegtes Sieb füllen und den Saft abtropfen lassen. Das Tuch später an den Spitzen zusammenbinden und aufhängen, damit der Saft noch besser abtropft. Den so gewonnenen Saft abmessen und die laut Packungsaufschrift vorgeschriebene Menge Gelierzucker zufügen; zum Kochen bringen und 4 Minuten sprudelnd kochen lassen. Das fertige Gelee in saubere Gläser füllen und sofort verschließen.

Rainer Maria Rilke
(1875–1926)

STIMMUNGSBILD

Graue Dämmerungen hängen
überm weiten Wiesenplan, -
müd, mit rotgelaufnen Wangen
kommt der Tag im Westen an.

Atemlos dort sinkt er nieder
hinter Hängen goldumsäumt,
seine lichtermatten Lider
fallen mählich zu. - Er träumt. -

Träumt manch sonnig Traumgebilde.
Leis vom Himmel schwebt dahin
jetzt die Nacht und neigt sich milde,
Sterne lächelnd über ihn ...

Statt eines Nachworts …

Erich Kästner
(1899–1974)

DER SEPTEMBER

Das ist ein Abschied mit Standarten
aus Pflaumenblau und Apfelgrün.
Goldlack und Astern flaggt der Garten,
und tausend Königskerzen glühn.

Das ist ein Abschied mit Posaunen,
mit Erntedank und Bauernball.
Kuhglockenläutend ziehn die braunen
und bunten Herden in den Stall.

Das ist ein Abschied mit Gerüchen
aus einer fast vergessenen Welt.
Mus und Gelee kocht in den Küchen.
Kartoffelfeuer qualmt im Feld.

Das ist ein Abschied mit Getümmel,
mit Huhn am Spieß und Bier im Krug.
Luftschaukeln möchten in den Himmel.
Doch sind sie wohl nicht fromm genug.

Die Stare gehen auf die Reise.
Altweibersommer weht im Wind.
Das ist ein Abschied laut und leise.
Die Karussells drehn sich im Kreise.
Und was vorüber schien, beginnt.